聆听汉字之美

饮食字传

Tales of the Words for Chinese Cuisine

作料篇

Seasonings

张一清 著

梁 艳 读

山东友谊出版社

扫描收听本册图书有声版

序言

民以食为天，这是从古至今流传数千年的一条最朴素的真理。小到个人，大到人类，生存和发展的首要条件确实是必须填饱肚子。与此同时，两千多年前孔夫子的一句“食不厌精”，算是承启了中华美食代代相传、生生不息的薪火。因此，我们才有幸生活在一个以美食著称的国度里。

日常饮食，无论是妈妈的味道、大厨的手艺，还是小夫妻对照各式菜谱照葫芦画瓢的“处女”之作，都可称之为美食。在品尝美食过程中，一般能引起我们关注和欣赏的，大抵是菜品本身的味道，或者多少也有一些菜品的色泽、形状等等，抑或再把视野稍稍扩大到碗碟杯盏。然而，可能很少有人会对与食物有关的字词发生兴趣。

殊不知，中华文明源远流长，上下几千年，其奥妙无穷的独特魅力之一，正是汉字承载了极其丰富的人文内涵与积淀，即所谓的点画天地、字里乾坤。就说能够给我们带来愉快感受的“香”字吧，它原本由“黍”和“甘”或者“禾”和“甘”构成，而“甘”最初描画的是舌头上面有东西，意思是能够品尝到的甜味；那么，“香”显然就意味着粮食所特有的那种清甜味道了。

由此可见，“香”首先指的是能够被味觉感受到的一种味道，后来才有了嗅觉也能感受到的气味这种意思。其次，用表示农作物的“黍”或“禾”构造表示美好滋味的“香”，一方面说明炊饭在我国的历史十分悠久，另一方面也说明我们中华民族自古就有重视农业的优良传统。

锄禾日当午，无数人用辛勤的汗水造就了餐桌上的饭香菜美；另一方面，大自然的鬼斧神工和技艺卓绝的众多园丁，也给我们营造出草木芬芳的生活环境。饭香花香汇聚交融、相辅相成，让我们的生活充满惬意与诗意。这不由得令我想起了《身边汉字·花草字传》成书的前前后后。

和《饮食字传》的成书初衷一样，《花草字传》也是着眼于身边的事物和日常的汉字，力图在平常生活中发现汉字和中华文化的不同寻常之处，并且梳理这些汉字的源流，为其作“传”。

《花草字传》问世后，宣传推广方面得到了许多朋友的热心帮助，我一直感念于心。

首先，感谢《中国汉字听写大会》总导演、我的好友关正文先生。《花草字传》的新书发布会，适逢关导的另一档走心节目《见字如面》录制前夕，百忙之中，他二话没说赶到发布会现场助阵。这样的朋友真是相当相当靠得住。

我还要向我的好友梁艳主播表示敬意，她那字正腔圆、娓娓道来的唯美声音确实为书增色不少，而且她在录音过程中一丝不苟、孜孜不倦的精神与努力令人钦佩，我们的合作愉快而有成效。

山东友谊出版社的姚文瑞、张继红、韩刚立、姜海涛等出版业翘楚，为前后两个《字传》的策划、编辑、出版、发行等事务，可谓费尽了心血。作为合作者，我敬佩他们和出版社其他同事的职业精神与素养，也感谢他们给予的鼎力支持与帮助。

按照惯例，每出一本小书，由于在写作过程中受到的关怀与帮助，特别是受到的教诲与指点，我都要感谢我的太太胡明女士和女儿张牧笛小姐。这次也不例外，只是又多了一层意思。这层意思是感谢她们二三十年如一日，让我在赞美鼓励声中，义无反顾地爱上了蜗居中的三尺灶台，把自己变成了“下得厨房”的好男人，伙夫与吃货的潜质亦被大大激发。

最后，我必须对两套《字传》的读者朋友表示诚挚的谢意。如果《饮食字传》能够让你们口水涌动，能够让你们对汉字和中华文化产生更加浓厚的兴趣，那将是我最开心的事。期待你们不吝赐教。

张一清

2017 年 4 月 10 日
于海口至五指山途中

序言

从为《花草字传》配音开始，山东友谊出版社的好友姜海涛就约我写序，可自知才疏学浅，没有应承。转眼间《花草字传》出版已经一年的时间了，如今《饮食字传》即将付梓。写到“付梓”一词，脑海中马上跳出《花草字传》中的《梓》那篇文章，更加深切领悟到原来我的收获如此丰厚！也更坚定了我写这篇序的信心。

树高千尺不忘根，水流万里总思源。在这里，我所说的根和源，其一当然是张一清教授。至今仍然记得我们在河南安阳参加《汉字听写大会》录制时的场景。甫抵安阳，我和张教授一起观摩正在进行的大赛，并悄声议论着场上选手们的表现时，我发现张教授竟然能神奇地预测出选手的易错点，不由钦佩其学识之渊博。过后才知道，张教授早有“谶哥”

之美誉。后来在《花草字传》一场场推介会上，我一次次现场聆听了张教授不重样的、对汉字妙趣横生、引人入胜的讲解，并在他的引领下品味着汉字“一字一文化，一字一历史”的奥妙所在。

在拿到《花草字传》配音稿时，对于张教授信手拈来、贯通古今的知识点，我丝毫不敢懈怠。引经据典处、多音存疑时，必查清楚问明白。恐怕那时数不清的提问虽叨扰了张教授，但张教授有问必答之谦恭，更让我钦佩其为人。尽管没有为《花草字传》写序，但我由衷写下了腰封上的推介语：张一清教授深入浅出地探究汉字前世今生，解析汉字内外乾坤，引经据典生动翔实，融汇古今兼容并蓄。

追根溯源，我还要感激好友龙朝朝。可以说，张教授写文我配音的首秀是在龙朝朝的微信公众号上。她独具创意地联合张教授和我的优势，不仅扩大其公众号的影响力，也为“身边汉字”系列丛书的出版埋下伏笔。

更要感激好友姜海涛。2004 年出版的我的个人文学作品集《另岸的风景》，便是海涛担纲策划、美编，至今翻看仍觉匠心独运，她在专业领域的功底可见一斑！但她不仅没有止步不前，还挺立潮头，敏锐地捕捉到汉字推广的前景以及文配音形式潜在的影响力，在山东友谊出版社的大力支持下，迅速组织专门团队，不计成本、不求回报、全情投入，不仅推出“身边汉字”系列丛书，也使月历、丝巾等相关文创产品的问世，可以说硕果累累。

特别感谢山东友谊出版社领导姚文瑞、张继红、韩刚立，他们在前后两辑《字传》的整个出版、发行过程中给予鼎力支持。

特别感谢国家汉办副主任夏建辉，专门对《字传》的出版方向提出很多建设性意见；特别感谢尚爱传媒的好友雨浓，她不仅在《职业女性》中安排了专访，还在北京青联的微信公众号中进行热心推介。于此，日常生活中讷于言的我，尽管没有当面道过谢，却感念于心。

还要感谢好友李晶晶、中国新闻社的刘红、香港文汇报的杨帆、中国青少年计算机信息服务网的金锐，他们在图书的宣传报道中不遗余力擂鼓助威。

最后感谢姐姐梁莉，她联络各方资源，为图书推广出谋划策，是我强大的后盾。感谢胜似家人的田甜，感谢编辑陈菁在《饮食字传》录制过程中兢兢业业、严格把关，才使音频录制工作得以顺利进行。

感谢生命中有你，因为有你，我不待扬鞭自奋蹄；因为有你，我收获着友情、温暖和感动；因为有你，用辛勤的汗水浇灌出的花朵粲然绽放，点缀着来时路！

不忘初心，方得始终。

梁艳

2017 年 6 月

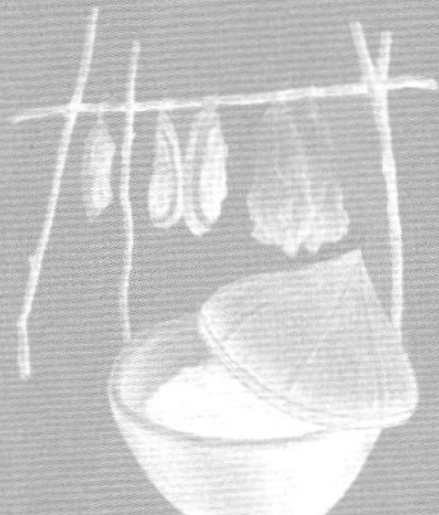

目录

油

yóu

油

小篆

隶书

楷书

行书

“油”这个字左边的“氵”表示它的意思与水有关；右边的“由”表示它的读音与“由”相近。《说文解字》中的释义是“水。出武陵孱①陵西”。

按照《说文解字》中的解释，“油”最初指的是长江的一条支流，源头在今湖北省五峰土家族自治县境内。这一点也得到了郦道元《水经注》的佐证。

段玉裁在《说文解字注》里解读“油”的时候，最后还提到“俗用为油膏字”，也就是说“油”在古代还可以用来表示动物的脂肪。例如西晋张华《博物志》：“积油满万石，则自然生火。武帝泰始中，武库火，积油所致也。”这几句话说的是晋武帝泰始年间，一间储藏器物的仓

① 这个字读作 chán，基本意思是弱小、软弱。

库，由于储存了近一万石油脂，结果导致自燃，酿成火灾。

“油”在古代又可以指石油，而且宋元时期还曾经把石油称作“猛火油”。例如《水经注》中曾提到：“高拏[②]洧[③]水肥可然。”这句话表明在今陕西省延长县一带，古代曾有一条称作“洧水”的河流，河水中混合着可以燃烧的石油。而在延长县至今还留有“中国陆上第一口油井”的原址。

在《梦溪笔谈》《广舆记》[④]等文献里，也记载着今河南省和甘肃省在古代都有发现石油的情况。此外，南宋康与之的《昨梦录》中也有提及：“猛火油者，闻出于高丽之东数千里，日初出之时，因盛夏日力烘，石极热则出液，他物遇之即为火，惟真琉璃器可贮之。”

由此可见，动物油脂和石油都具有可以燃烧这一特点。而对于古人来说，动物脂肪的可燃性有一个很重要的作用就是照明，例如《旧唐书》《册府元龟》等文献都记载过，“秦始皇葬骊山，鱼膏为灯烛”。还有《黄帝内传》：“王母授帝以九华灯檠[⑤]，注膏油于卮[⑥]，以燃灯。”

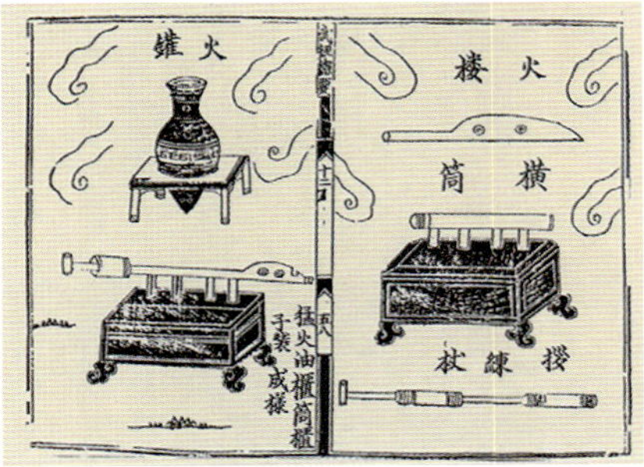

武经总要 猛火油柜
宋

利用动物脂肪的可燃性制作的照明材料，这或许就是灯烛的源头。而灯烛在我国的传统文化中一直占据着重要地位：喜庆场合中自然少不了它来助兴，例如沈括《梦溪笔谈》中的“青至宾州，值上元节，令大张灯烛”，说的是北宋武将狄青元宵节时命人张灯结彩迎佳节；与此同时，人在孤寂落寞时，往往也常因烛光晕影而更添凄凉，例如李白乐府诗《捣衣篇》中的“琼筵宝幄连枝锦，灯烛荧荧照孤寝”，描写的就是一名为

② 即“高奴”，秦汉时期在今陕西省延安一带设置的行政区划。“孥”读作 nú，本来意思是儿女，或者指妻子和儿女。

③ 这个字读作 wěi，是古代两条河流的名称，一条在今河南省境内，一条在陕西省境内。

④ 明代陆应阳辑录的地理学著作。

⑤ 这个字读作 qíng，最初指一种矫正弓弩的器具，后来也指灯架和灯。

⑥ 这个字读作 zhī，指古代的一种酒器。

秉烛夜游图
宋
马麟

夫君洗涤戎装的女子思念亲人，孤枕难眠。

唐代诗人李商隐《夜雨寄北》中的名句“何当共剪西窗烛，却话巴山夜雨时”，则是五味杂陈之作。旅居异乡的诗人，脑海中营造了与友人或妻子“对窗共剪烛花”的温馨画面；只是这种想象也更加衬托出旅人在微雨秋凉中的那份寂寞与孤单。

的确，若能跨越尘世羁绊，换得亲友相聚，于烛光摇曳中同食共饮，这想必是令无数人心向往之的美好时光。而动物油脂，一方面催生了包括制造各式灯烛在内的照明器具等产业；另一方面，它也给美食的制作注入了巨大活力。

按照《周礼·天官·庖人》中的记载，“凡用禽献，春行羔豚，膳膏香”。由此可以看出，我们祖先早在西周之时，已经开始用动物油脂煎炸食物，而且不同季节、不同食材所使用的动物油脂还有一定的差异和讲究。例如春季来临，祭祀仪式一般用羊羔和猪崽儿，羊肉和

青铜烛台
汉代

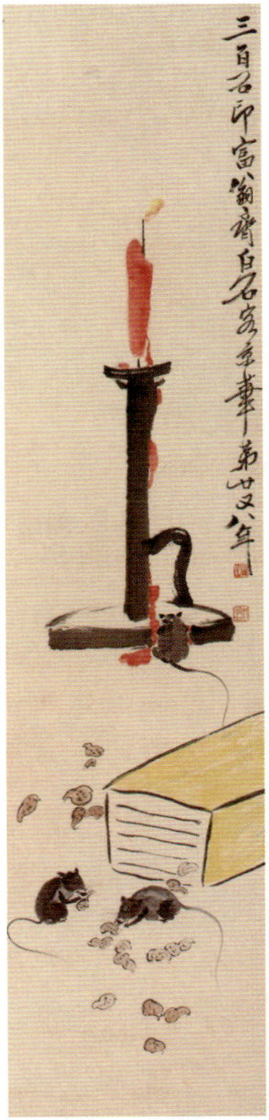

小鼠火烛图
近现代
齐白石

苏州市井商业图册 局部
清
佚名

猪肉则用牛的油脂煎炸。“膏”指的就是牛油。

直到现在，许多日常美食在用油的时候仍然存在着传承下来的各种规矩，比如油炒面以使用牛油为正宗；而北京小吃“麻豆腐”，则秉承着用羊尾油炒制的传统。

当然，根据现代人多元化的饮食口味与健康需求，无论是油炒面还是麻豆腐，用油方面的讲究已经不再苛刻死板，使用植物油同样成为一种普遍现象。

依照历史文献记载，对于植物油的发明一直存在着多种观点，其中一种说法来自清代官修的《渊鉴类函》[7]："黄帝得河图书，昼夜观之，乃令力牧[8]采木实，制造为油，以绵为心，夜则燃之读书，油自此始。"按这种说法，采集树木果实制油的方法，是黄帝从"河图"中得到的启示，这显然已经是榨油技术的雏形。然而，按照生产力发展的一般常识，在三皇五帝时期，应当还不具备榨取植物油的技术与设备，所以这只能是一种传说。

⑦ 编撰者有张英、王士禛等。

⑧ 传说中黄帝的大臣。

长信宫灯

西汉

再行一步

根据东汉刘熙《释名》“柰[9]油，捣柰实和以涂缯上，燥而发之，形似油也。杏油亦如之”，我们或许可以推断，最晚到汉代的时候，我国已经出现了以人工方法获取植物油的情况。

但是，根据目前发掘的古代文献，最早于字面上提到植物油榨取技术的，应当是南北朝时期著有《本草经集注》等文献的道教思想家、医药学家陶弘景。据《本草纲目》（金陵本）解释“胡麻油”时引陶氏言论：“生榨者良，若蒸炒者，止可供食及燃灯耳，不入药用”，显然他谈论胡麻油（即芝麻油，香油）的时候，提到了“榨”，而且还区分了生榨和熟榨以及各自的用途。

植物油的出现，绝对是饮食史上的一次飞跃。因为动物油脂明显会带有肉食本身的特殊味道，而这种味道并不是每个人都有福消受的，尤其是忌食荤腥的素食者更是无法染指。此外，由于动物油脂的固态、半固态等特性，给它自身的储存、保质、取用等也带来了不小的挑战。

⑨ 这个字读作 nài，指苹果的一个品种。有人因为未尝听说有柰油，所以怀疑此处当为“枣油”。

相对而言，植物油则可以有效避免诸如此类的不少麻烦。比如说，以液态为主的植物油，可以用小口容器储存，这样既有助于解决大口容器捉襟见肘的卫生问题，同时也更便于携带和运输。宋代文学家欧阳修的名作《卖油翁》：“（卖油翁）乃取一葫芦置于地，以钱覆其口，徐以杓[10]酌油沥之，自钱孔入，而钱不湿”，非常形象地描述了口小肚子大的油葫芦。

当今时代，美食界基本上是植物油的天下，市场上琳琅满目的茶油、豆油、粟米油、菜籽油、橄榄油、色拉油，还有利用植物油再加工的花椒油、辣椒油，以及名同实异的酱油，等等。对于天天都免不了摄入油脂的人们来说，了解不同油品的成分以及正常摄入量，这绝对是保持自身健康所必须关注的。

当然，也不是所有的植物油一定都会用于美食，就像动物油脂和植物油脂最初也都用于照明甚至制作火攻武器一样，从植物里提取的油脂还有其他多种用途。

桐油是很多人都听说过的一种植物油，它是从油桐果实萃取而来，属于一种质量很好的干性油，可制造油漆、油墨，又可用于器物等的防水防腐。例如清末民初中国近代学者、曾与

⑩ 这个字在这里读作 sháo，意思与“勺”相同。

古代作业场景图

其弟子包明叔于20世纪三四十年代合办《新江苏报》的程善之，他的小说《残水浒》中就有："原料是广东蕉布，在桐油里浸得二三年，入水不透，十分坚固"。

不过，要说文学作品中最为人们熟知的桐油制品，大概莫过于现代诗坛骄子戴望舒那首《雨巷》里的主角油纸伞了：

撑着油纸伞，独自
彷徨在悠长、悠长
又寂寥的雨巷，
我希望逢着，
一个丁香一样的，
结着愁怨的姑娘。
……

诗人看似缱绻于异性情缘，但实际上，这却是他当时参与进步运动，无奈避难之时的彷徨与呐喊，他眼中悠长悠长的雨巷并非意味着携手漫步的儿女情长，而是对未来与前景的漫漫忧思，无法排遣，仿佛看不到尽头。

盐

yán

鹽

小篆

隶书

楷书

行书

“盐”这个字以前写作“鹽”，由卤水的“卤”和监督的“监”的繁体字形“鹵”“監”构成。“卤”表示“盐”的意思与咸味有关；“监”则表示它的读音与“监”相近。许慎在《说文解字》中对它的解释是：“咸也。从卤监声。古者，宿[①]沙初作煮海盐”。

《说文解字》中的释义，一方面说明盐是一种咸味结晶体；另一方面还表明了它的来源。按照这种解释，盐是通过给海水加热，使水分蒸发后的产物。而且这种获取海盐的方法，是古代一位名叫“宿沙”的先人首创。

根据春秋战国时期史官编修的《世本》以及两汉时的《淮南子》等典籍，

① 这是个多音字。读sù的时候，意思是“睡觉、过夜”等；读xiǔ的时候，是表示夜晚的一个量词；读xiù的时候，指的是天上的星座。在这里是第一种读音。

天工开物 布灰种盐
明
宋应星

天工开物 海卤煎炼
明
宋应星

宿沙是远古时期炎帝治下的一名官员，因为发明了熬煮海水获取海盐的技术，所以他被后代尊奉为“盐祖”“盐宗”。

盐的发现对人类具有极其重要的作用。一方面，盐所含有的各种微量元素都是人体所需的；另一方面，它还是烹制或储存食物的最基本材料。例如《尚书·说命》中提到的“若作和羹，尔惟盐梅”，就非常清楚地表明了盐在加工制作美食中的作用。起源于广东且风行全国的名吃盐焗鸡，它的主要辅料或者说作料也正是盐。

实际上，除了在中国，盐在世界上其他国家和地区，从古至今也一直受到高度重视。在俄罗斯，面包和盐是接待最尊贵客人礼仪中的主角。而在日本，演出开始之前，一直都有往剧场舞台上撒盐辟邪的习俗；参加相扑比赛的选手，则有在赛前往身上泼盐避邪的传统。

现在英文的薪水一词 salary，其来源是拉丁文的 salarium，而这个词在拉丁语里最初的意思就是“买盐的钱”，可见盐在古代印欧文化中的重要地位。我们中国人的祖先是把劳动收入看作买柴草的钱，所以才会产生“薪水”这样的说法；而拉丁文化发源地的先民们，则把盐当成了最重要的生活物资，因此，在他们眼里，劳动收入就相当于买盐的钱。

画像石 井盐图
东汉

盐的重要性也体现在一些产盐地区

天工开物 蜀省井盐
明
宋应星

天工开物 量较收藏
明
宋应星

的地名中，因为无论是国内还是国外，许多地名里都不乏它的身影。例如地处江苏的盐城市，在公元 411 年的东晋时，就已经获此名号了。而在那之前，这个地方则被称作“盐渎②”。同样，在大洋彼岸的美国，犹他州的首府则被称作盐湖城，因为该地区的大盐湖是北美洲面积最大、盐分最高的咸水湖。当然，这座城市也由于 2002 年举办第十九届冬季奥运会而被世人所熟悉。

与上述两个城市不同的是，也有的地方却是以无盐著称，例如山东省东平县的无盐村。这个村落在战国时期已经是齐国设置的无盐邑[3]，后来到了秦朝又改成无盐县。

齐国的无盐邑在齐宣王时出了一位著名女子，本名钟离春，因为出生地的关系，所以也被称为钟无盐。据西汉刘向《列女传·辩通传》等文献记载，这位女子相貌奇丑，如：肥项、少发、皮肤若漆等等，然而她却成为齐宣王的正妻。其原因乃是该女子深明大义，曾对只顾贪图享乐、却置国事于脑后的齐宣王直言进谏，使得后者终于醒悟，于是“罢女乐，退谄谀……选兵马，实府库”，总算做了些对齐国有益的事情。

② 这个字最初意思是水沟或者河流。例如《史记·殷本纪》：“东为江，北为济，西为河，南为淮，四渎已修，万民乃有居。”这段话里就提到了长江、济水、黄河和淮河这四条比较著名的河流。

③ 这个字读作 yì，最初意思是指城镇以及城镇里的居民。当它出现在左右结构的汉字里，一般都要变成右耳刀“阝”。因此，含有右耳刀的汉字，意思通常都与地域有关，例如“都、鄂、邯郸”等。

再行一步

按理说，春秋战国时期，齐国有很长的海岸线，完全不缺制盐的资源，因此，当时的无盐邑是否是由于没有盐业资源而得名，不得而知。但是，由于盐的重要性，那些真正缺乏制盐资源的地区，也会通过陆路或水路等渠道，从产盐区运输食盐。这种现象一方面刺激了制盐业的发展，另一方面也促进了交通运输业的发达。

现在我们汉语里还有“骥服盐车”“骏骨牵盐”这样的成语。虽然这两个成语本质上说的是大材小用、埋没人才，千里马被役使去做运盐的粗活。但是，这也从另一个侧面说明了古代畜力运盐的历史和运盐业的繁荣。

按照《战国策》等史料记载，当年相马泰斗伯乐确实是在运盐古道上遇见了负辕运盐的良马骐骥[④]。其时，那匹日行千里的神驹正在被有眼无珠的人用不适当的方式劳其筋骨，以致身形委顿。幸而伯乐慧眼识珠，才使得良马终于能够展其本性并且得用所长。

④ 古代传说中的骏马，例如屈原《离骚》：“乘骐骥以驰骋兮，来吾道夫先路。”

伯乐相马
清
吴友如

盐业的发展，除了给百姓生活带来便利，客观上也成就了不少富有的盐商，以致元代文人杨维桢还在《盐商行》中写道："人生不愿万户侯，但愿盐利淮西头"。足见在当时社会里，盐商已经是堪与王侯达官比肩的人物。

提起盐商，不得不提到扬州。这座地处江苏中部的美丽城市，其建城历史可以追溯到公元前四百多年。由于明清两朝政府主管盐业垄断机构的两淮盐运史和两淮盐运御史驻节扬州，于是，它成为了当时全国最大的食盐集散地，并吸引了众多到扬州谋生、发展的盐商。

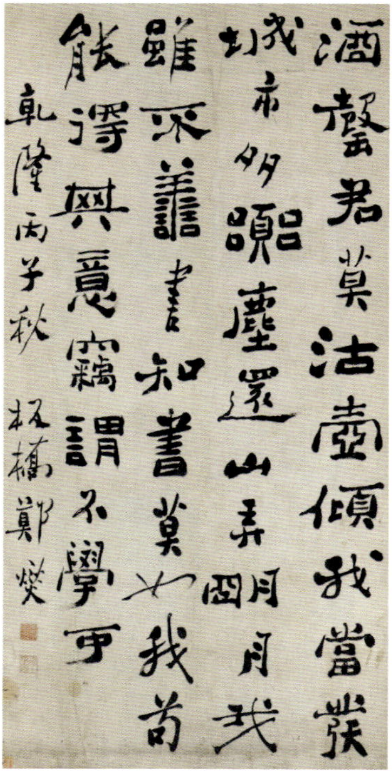

五言诗
清
郑板桥

扬州盐商，富可敌国，也在历史上留下了许多有趣的故事。

其中有一个故事与“扬州八怪[5]”之一的郑板桥有关。据说有一位为人比较吝啬的盐商曾向郑燮[6]求一副对联。郑燮由于知其为人，所以开口就是1000两白银润笔，而守财的盐商只愿意

⑤ 指清代活跃在扬州一带的八名书画家。具体包括哪八位人物，及至目前，意见尚未统一。但是一般人多以清末著有《瓯钵罗室书画过目考》的李玉棻的意见为准，即：金农、郑燮、黄慎、李鱓、李方膺、汪士慎、罗聘、高翔。

⑥ 这个字读作 xiè，比较常用的意思是“调和”。现在一般常见于人名。郑燮，字克柔，号板桥。

出一半银两。于是郑板桥笔走龙蛇，须臾间写出“饱暖富豪讲风雅”。盐商一见，忙说：还有下联啊。郑板桥却说：一半润笔只够上联。盐商无奈，只好忍痛再拿出500两银钱。最后才得到郑板桥写出的下联：饥馑画人爱银钱。

当然，既然有郑板桥这样才高八斗的文人调侃盐商，自然也有趋炎附势、巴结盐商的众生。比如历史上就流传着不少年轻貌美的风尘女子嫁给盐商的故事。据传，明代时就有位盐商将一位红粉佳人金屋藏娇，而这件事传到文人钱福⑦耳中，钱氏便心生醋意，于是拜访盐商并请见那位女子。后来，当盐商让佳人拿出绫帕请钱状元题诗的时候，据说钱氏题的是：“淡罗衫子淡罗裙，淡扫蛾眉淡点唇。可惜一身都是淡，如何嫁了卖盐人。”字里行间，“狐狸吃不到葡萄”的心思一览无余。

不难看出，盐这种透明晶体着实能够折射出众生百态。当然其中也不乏像唐代大文豪韩愈这样的“朝齑⑧暮盐”的励志人物。早晨拿咸菜下饭，晚饭以食盐佐餐，倡导的正是人在窘境或逆境中依然要保持自身的精神追求和崇高理想。这就是所谓的“贫贱不能移”的精神境界吧。

⑦ 钱福，号鹤滩，明代状元，著名文人，所作《明日歌》“明日复明日，明日何其多。我生待明日，万事成蹉跎”脍炙人口。

⑧ 这个字读作jī，基本意思是捣碎的姜、蒜、韭菜或腌渍的咸菜等。现在比较常用的意思是“细、碎”，如“化成齑粉”等。

酱

jiàng

“酱”这个字最初的字形比较简单，战国时期左边是“一片云”的“片”反转过来的“爿①”，表示“酱”的读音与它相近；右边是地支第十位、原本指一种盛酒器皿的“酉”，表示“酱”的意思与“酒”有关。但是在《说文解字》中，字形中又增加了“肉”字，变成了左上角是“爿”，右上角是“肉”，下面是“酉”的形体。再往后，右上角的“肉”字又被误写成除夕的“夕”，基本上也就是现在我们看到的“酱”了。

《说文解字》对“酱”的解释是：“醢②也……酒以和酱也”。

按照《说文解字》的解释，“酱”最初指的是用经过盐渍和发酵的切碎的

小篆

隶书

楷书

行书

① 这个字读作 pán，意思是劈成片的竹木等。

② 这个字读作 hǎi。

肉制成的肉酱。再参照《说文解字》和其他工具书中“醢”的释义，我们可以了解到，古时候肉酱的制作方法大致是先把肉晾干，然后切碎，再和粮食、盐、酒以及发酵用的曲霉混合到一起，最后放在坛子一类容器中密封发酵。

或许正是由于这种原因，所以后来也把用豆子、面等粮食类材料按相似方法发酵制成的东西叫作“酱”了，例如南宋史学家徐梦莘在《三朝北盟会编》中提到，“其饮食，则以糜酿酒，以豆为酱”。再往后，用弄碎的蔬菜、水果等材料发酵制成的成品也被称作“酱”，例如元代熊忠编纂的语文工具书《古今韵会举要》中就有“又菜茹亦谓之酱”。

还有《史记·西南夷列传》注中引汉景帝刘启次子、西汉河间献王刘德所言：“枸树如桑，其椹[3]长二三寸，味酢[4]，取其实以为酱”。

由此可见，我国制作果酱的历史十分悠久。

此外，把某些食材弄碎或捣成泥状，这种形态类似酱的食物后来也可被称作“酱”，例如麻酱、花生酱、辣椒酱等。

醬

各行业人物场景图 卖虾酱
清
佚名

酱从产生之日起，它的主要作用之一就是调味，是菜品、主食的一种辅料或佐料，例如《新唐书》中提到的“用醯[5]酱以和羹”，还有《礼记》中的“脍炙处外，醯酱处内”。通过这些古代文献，可以看出，酱或者被用来给羹汤调味；或者在餐桌上被摆放在靠近用餐者的地方，以便人们在取用荤食时，能够比较方便地搭配这些小料来享用。

③ 同桑树果实“葚”。

④ 这个字读作 zuò，原本指酿制的“酸浆”，所以有酸的意思。

⑤ 这个字读作 xī，指的是醋一类调味品。

在当代中华美食中，把酱当作一种佐餐小料的菜品，大概要首推誉满全球的北京烤鸭了。除此之外，鲁菜系中、以甜面酱调味的各种“酱爆”菜品，在落户京城之后，也逐渐创新出使用北京所产的黄酱的多种酱爆菜肴，例如充斥于京城大小餐馆的“酱爆鸡丁”“京酱肉丝”等等。而以肉丁为辅料、黄酱为主料炒制的炸酱，再配以黄瓜、豆芽、心里美等等菜码，则成就了北京的美食名片——炸酱面。

据统计，现在北京的流动人口数以千万计，这座国际化大都市正敞开胸怀迎接着来自五湖四海的宾朋。在这南来北往的人潮中，如果说哪位客人还没有品尝过北京的炸酱面，那就不算真正体验过地道北京人的日常生活。

酱除了本身可以充当调味品，在最初的制作过程中它还附带产生了另一种调味品——酱油。这种原生态酱油最初被称作“酱清、豆酱清”等，例如贾思勰在《齐民要术》中写到蒸煮猪肉的烹饪方法时，就有“令用酱清调味”这样的说法。

而“酱油”这种名称大约是在宋代才开始出现，

例如成书于南宋的两部美食著作《山家清供》和《吴氏中馈录》，里面都提到了“酱油”。

有意思的是，酱油在古代既是一种调味品，同时还具有药理作用。例如《本草纲目》以及成书于清代的《医中一得》《急救便方》等古代医药学文献，里面都提到了酱油的某些药用例子。

更有趣的是，疑为后人托名宋代大文豪苏轼的古代科技学著作《格物粗谈》中，还有“金笺及扇面误字，以酽醋或酱油用新笔蘸洗，或灯心揩之，即去”这样的字样，显然，在当时，酱油还被用作涂改液。

铜鸮卣
商

再行一步

当然，不论酱油具有哪些奇妙的功用，究其本质，它还是在厨房里扮演着最重要的角色。而且自从酱油出现之后，它便和酱一道，成为制作酱制食品时不可或缺的材料，从而催生了大小餐馆或商店的熟食柜台中美味诱人的酱鸡、酱鸭、酱鱼、酱菜以及酱牛肉等等。

从世界范围内烹饪所用的调味料来看，以大豆为原料的酱和酱油，基本上属于东亚和东南亚地区的传统调味品。酱油在一些地区也称“豉油、生抽、老抽”等等，不过，不同名称所对应的酱油在酿造过程、成品特点以及使用范围等方面，也具有某些细微的差别，比如生抽适用于调味，而老抽则适用于给菜品上色。

与酱油相比，“酱”由于后来还发展出果酱、花生酱等种类，所以，就比较宽泛的意义而言，也可以说世界上各个地区、各个民族的饮食都离不开“酱”。

前面提到我国制作果酱的历史至少可以上溯到汉代，此外，

寒山拾得图
清
蒋贵

某些食材加工成泥状的“酱”，其历史同样悠久。例如后人辑录的唐代诗人寒山子诗作的《寒山子诗集》，里面就有“蒸豚揾[6]蒜酱，炙鸭点椒盐”。这两句话比较直白，意思是蒸猪肉的时候放点蒜酱，烤鸭子的时候则撒些椒盐。

类似这种诗句的朴素直白，恰恰是寒山子特色鲜明的创作风格，难怪胡适把他说成是唐代的“白话大诗人”。

⑥ 这个字读作 wèn，最初意思是按在水里浸泡，后来也表示按、贴、擦拭等。现在，在粤语等汉语方言中所使用的“揾”应当是最初意思的引申。比如表示挣钱的“揾钱”，表示找人的“揾人”，其实都有纳入自己掌控范围这样的含义，而这种意思与“按在水里”显然在较深层次具有一定的联系。

寒山子是生活在唐代的一位佛门弟子，姓氏、名字均不详，后世只知他隐居在浙东天台山，而且与同为佛门弟子的“拾得”过从甚密，两个人留下了许多对世事、人情等十分有趣的问答。例如寒山子曾问拾得：“世人谤我、欺我、辱我、笑我、轻我、贱我、恶我、骗我，如何处治乎？”拾得则答：“只要忍他、让他、由他、避他、耐他、敬他、不要理他，再待几年，你且看他。”

寒山子既然选择了遁入空门，他对佛门戒律想必也是十分清楚的，那么，为什么他还会在诗里写出与荤食有关的内容呢？原来，他写的是尘世俗人对美食的追求，而他本人对这类嗜好与痴迷是不以为然的。就像他在诗里所言：“怜底众生病，餐尝略不厌”；“不知他命苦，只取自家甜”。显然，在他眼里，专注于口腹之欲的众生是可怜可叹的；而且芸芸众生只知道一味满足自己品尝美食的需求，却全然不顾刀俎之下动物们的苦痛。

这种怀着悲悯情怀观人世的态度，其实与古代许多文人雅士的人世观颇有异曲同工之妙。就像吟出“举世皆浊我独清，众人皆醉我独醒[7]”的屈原，他也并非全然是自傲自夸，而是明显带着对世态污浊、世人浑噩的怜悯。而认为俗众意识混沌这

⑦ 摘自《楚辞·渔父》。但是该篇是否为屈原所作，历来存在着不同看法。

种理念，除了成为古代一众文人的某种共识，还与我们谈论的“酱”存在联系。

东汉班固的《汉书·扬雄传》中有这样几句话：“空自苦！今学者有禄利，然尚不能明《易》，又如《玄》何？吾恐后人用覆酱瓿[8]也。”这是班固引西汉著名经学家刘歆对同时代另一位经学家、文学家扬雄所说的话，大致意思是扬雄仿照《周易》创作《太玄》是自讨苦吃，因为就算是当时的所谓学者，也都是贪图功名利禄之辈，他们连《周易》都读不懂，又怎么能看得懂《太玄》呢？所以，凝结着扬雄心血的《太玄》一书，恐怕将会沦为人们用来盖酱瓮的盖子了。

正是由于这个原因，后来“酱瓿、覆酱、覆酱瓿”等等说法就与真正的酱缸无关了，而是表示人们意识不到或者不重视某种著述的价值之意。

⑧ 这个字读作 bù，意思是小瓮，指的是古代的一种盛器。

醋

cù

醋

“醋”这个字左边的“酉”表示它的意思与酒有关，因为“酉”的最初意义与酿酒以及用酒祭祀相关；右边的“昔”则表示“醋”在当时的读音与“昔”接近。《说文解字》中，“醋”的释义是：“客酌主人也。”

“酌”最初表示斟酒过满，那么，足以让我们产生疑问的是，难道古人有以醋代酒的习俗，或者我国古代原本就有呷醋的风尚？

然而，通过查阅包括语文工具书在内的一些古代文献，我们发现，原来“醋”最初意谓客人为了表示对主人的酬谢之意而用酒回敬主人，相当于人际交往中的酬酢。例如《仪礼》中就多次出现“尸

小篆

隶书

楷书

行书

以醋主人”，意思是在祭祀仪式中代替死者接受祭拜的活人，按照礼制，在主人敬酒之后，再用酒回敬主人。

这么看来，“醋”最初的意义应近似于表示酬酢的“酢”，而“酢”按照《说文解字》等工具书的解释，最初反而是指经过酿制而成的酸味液体，类似我们现在的醋。而且“醋”最初的读音大致也是zuò，而“酢”的读音却恰恰是cù。看起来，这是两个在演变过程中互换了身份的“乌龙字”。不过，目前在书面语里，“酢”仍然保留着“醋”的读音、意思以及连带的酸味含义，例如“酢浆草”等。另外，“酢”在现今的日语里，也依然保留着“醋”的意思。

自从换位之后，醋便在烹饪领域大展拳脚，凉拌、热炒、炖煮……几无处不在，例如在清代杜文澜编纂的《古谣谚》中，就有这样的记述：“麻油拌生菜，呷醋咬陈姜。”还有唐代颜真卿等文人玩文字游戏时写下的《七言滑语联句》，来比试谁描写“滑溜”状态最传神、最到位。当时，在颜真卿等人写出了“雨里下山蹋[①]榆皮”“缝靴蜡线油涂锥”时，有一位诗人刘全白则写下了“芜荑酱醋吃煮葵”。刘氏描写的“滑溜”，既不是走在泥泞山路上脚底打滑，也不是借助油和蜡来减少穿针引线的阻力，而是食用以中药芜荑做的酱辅以醋烹煮的蒲葵时，菜品滑过喉咙时的感受。

在当今饮食界，醋也是八面玲珑的调味品。首先，它的种类不拘一格，既有色浓味厚的山西老陈醋，也有酸中带甜的镇江香醋，还有保宁醋、岐山醋、红曲米醋、独流老醋和广灵登场堡[2]醋等等。这些产自不同地区的不同品种的醋，不仅体现了“一方水土成就一方醋”的实情，更重要的是，它们为不同食材或菜品进行恰当调味，提供了丰富的选择。

其次，品种丰富的醋，既可以作饺子、汤包等带馅食品的蘸料，也可以成为老醋蜇头等凉拌菜的调料，还可以在烹制糖醋排骨、醋烹鲫鱼等热菜时，担纲调味的主角。当然，在由醋唱主角的传统名菜中，最让人耳熟能详的一定是来自

① 这个字读作 tà，意思是踩、踏，多用于书面语。

② 这是个多音字，分别有 bǎo、bǔ、pù 等读音，虽然几种读音的意思不同，但是都可以用于地名。在这里读 bǔ。

西子湖畔的“西湖醋鱼”了。

西湖醋鱼又称“宋嫂鱼”“叔嫂传珍”等，一听名称，就知道它一定是道有故事的菜品。

这则故事的梗概是：

古时候有两位饱读诗书的宋姓兄弟在西湖以打鱼为生，兄长娶了一位貌美勤劳的妻子，不料却有一个地方恶霸垂涎于这位美貌的女子，因此害死了宋家哥哥，而且还买通官府，使官府拒绝给宋家弟弟和他的寡嫂做主。为避祸端，万般无奈之下，嫂嫂便让弟弟离家出走，还亲手做了一条用糖、醋等作

料调味的鲤鱼为弟弟饯行，并嘱咐弟弟如果他日苦尽甘来、出人头地，一定不要忘记今日的酸苦。弟弟背井离乡，心里一直记着嫂子烹煮的酸中有甜的鲤鱼与临行时嫂子那番语重心长的嘱托。后来，弟弟发奋苦读，果然考取了功名，衣③锦还乡后终于惩治了恶霸。最后，宋家弟弟到别人家做客时，从一道熟悉的酸甜口味鲤鱼中，意外地发现了在大户人家隐姓埋名做厨娘的嫂子，于是便接了嫂子回家，又辞去官职，重操打鱼旧业，尽心奉养坚韧勤勉的嫂子，由此传为一段佳话。

③ 这里读yī，表示“穿（衣服）”的意思。旧读第四声。

再行一步

美妙的传说往往会给菜品增色，而且还有助于促进店家与顾客之间的交流。然而，在人际交往中，总有那么一些人在与人打交道时，会给人带来一种酸溜溜或者让人泛酸水的感觉。很显然，这些人是带着“醋”来的。

酸文假醋，这是故作斯文、装腔作势、附庸文雅之流的标志性嘴脸。《红楼梦》就曾借贾宝玉之口说：“大凡一个人，总不要酸文假醋才好。”另外，还有一些意思与其大致相同的词语，如“强[4]文假醋、乔文假醋、拿糖[5]作醋”等等，例如钱锺书《围城》中有这样一句：“给你面子问你一声，倒惹你拿糖作醋。”

不难看出，故作姿态之人身上的酸腐气味其实并非来自真正的醋，而是“假的”或“假作”出来的，令人厌恶的程度比我们平时说的“半瓶醋”或“半瓶子醋”等等更甚。

人际交往中，还有一类人，他们虽跟醋也有关系，却不是让别人感觉到酸，而是自己酸自己，这便是大家都知道的、有

④这是个多音字，读 qiáng 的时候，表示“刚劲、强大”等；读 qiǎng 的时候，表示“勉强”等；读 jiàng 的时候，表示“固执”等。这里是第二种读音与意思。

⑤“拿糖”本身也有写作“拿搪、拿堂”的。

元机诗意图 局部
清
改琦

醋

"嫉妒"寓意的"吃醋"了。相关的说法还有"吃飞醋、吃寡醋、争风吃醋、拈酸吃醋"等等，例如晚清吴趼人所著《二十年目睹之怪现状》中的"无端的在这里吃寡醋"。

对于那些有较强嫉妒心的人，我们也常常用"醋缸、醋罐子、醋葫芦、醋坛子"来形容。这些原本用来盛醋的容器，十分形象地说明了嫉妒心就像是人的身体里装了醋，常常会从心底泛起一阵阵令人不快的酸意。

根据宋代胡仔编纂的《苕溪渔隐丛话后集》中所引的宋代孙宗鉴《东皋[6]杂录》，其中记述了一段有关"醋葫芦"的趣闻。

⑥ 这个字读作 gāo，基本意思是水边的高地。

治平帖 卷首
宋
苏轼

北宋神宗年间，当时高丽国派遣一位僧人来宋朝进贡，朝廷则委派一位名叫杨杰、表字“次公”的官员负责接待。这位高丽僧人颇具辩才，而且有些恃才不羁、放浪形骸，即便是在正式宴席上，也旁若无人地食荤饮酒。有一次，在杨次公作陪用餐时，席间有人出了一个酒令：要两古人姓名争一物。高丽僧人听后即对：“古人有张良，有邓禹，争一伞，良曰凉伞，禹曰雨伞。”杨次公则说：“古人有许由，有晁错，争一葫芦，由曰油葫芦，错曰醋葫芦。”

在这场不分伯仲的游戏中，两位当事人都借用名字读音与某种器物名称读音相同的古人，顺利地完成了任务。当然，既然是游戏，二人所说的内容自然都当不得真。想一想，建业封侯、满腹韬略、功成身退的张良，少年天才、运筹帷幄、功勋卓著的邓禹，他们之中哪一位会为了一把伞而与他人起争执？许由更是传说中的隐士贤人，连帝尧的首领位置都不放在眼里，听了帝尧打算传位给他的话，都生怕脏了耳朵而用河水清洗。这样一位高人又怎么会对区区一只葫芦起意？最后只剩下由于名字读音巧合而和醋葫芦拴到一起的晁错。

按理说，晁错在西汉文帝、景帝时也是位高权重的人物，绝不可能因为一只葫芦而纠缠。苏东坡在其《晁错论》中认为，晁错是个有私心而且患得患失的人，因此当他在讨伐吴、楚一战中不顾皇帝御驾亲征，为保全自己而留守京城的时候，其实已经埋下了令君王猜忌甚至不快的种子，这才有了日后在他倡议的“削藩”政策失败后，不幸成了牺牲品的结局。

由此可见，私心是人生存、发展的大敌，揣着醋意、酸溜溜地嫉妒他人，无疑也是私心过重的一种表现。因此，精于算计的晁错与代表私欲的醋葫芦扯上关系，或许也是冥冥之中的一种巧合吧。

糖

táng

糖

“糖”这个字左边的“米”表示字的意思与粮食有关；右边的“唐”表示字的读音与它接近。

《说文解字》中，“糖”的释义是：“饴也。”“饴糖”是一种比较常见的食品，一般以米和麦芽为原料制成，味道甘美，例如金朝刘祁编撰的《归潜志》中有这样一段描述：“肥浓甘脆世所共珍，使饱而遇之，则食如泥土。藜藿[①]葵荠世所共贱，使饥而遇之，则食如饴糖。”这位金朝太学生显然是在借物明理，和俗话所说的“饥食甜如蜜，饱食蜜不甜”如出一辙。不过，刘祁更深一层的意思是人生必须有更高的追求，不能仅仅局限于满足口腹之欲。

小篆

隶书

楷书

行书

① 指比较粗劣的饭菜。

从饴糖的制作原料中，我们可以看出，由于其中包含了米，所以“糖”的左边才用“米”字作了形旁。显然，这样的“糖”与我们现在食用的白糖、红糖、冰糖等等，还不属于同一种东西。但是，从甘蔗、甜菜等植物中提取糖的方法，我国古代早有记载，例如《齐民要术》引《异物志》②记述了蔗糖的制作方法：“甘蔗，远近皆有。交趾③所产甘蔗，特醇好，本末无薄厚，其味至均。围数寸，长丈余，颇似竹。斩而食之既甘；迮④取汁为饴饧⑤，名之曰‘糖’。”在《本草纲目》（金陵本）中也有记载：“沙糖，蜀地、西戎、江东并有之。榨甘蔗汁煎成，紫色。瑞⑥曰：稀者为蔗糖，干者为沙糖”。

只是一直到唐、宋两朝，这类结晶提取物一般还是多称“糖霜”，后来才被称作“糖”。

有关糖霜的产生，我国古代还流传着一个有趣的故事。故事见于南宋王灼编著的《糖霜谱》：“唐大历间，有僧号邹和尚者，不知从来。跨白驴，登伞山，结茅以居。须⑦盐米薪菜之属，即书付纸，系钱，遣驴负至市，人知为邹也，取平直⑧挂物于鞍，纵驴归。

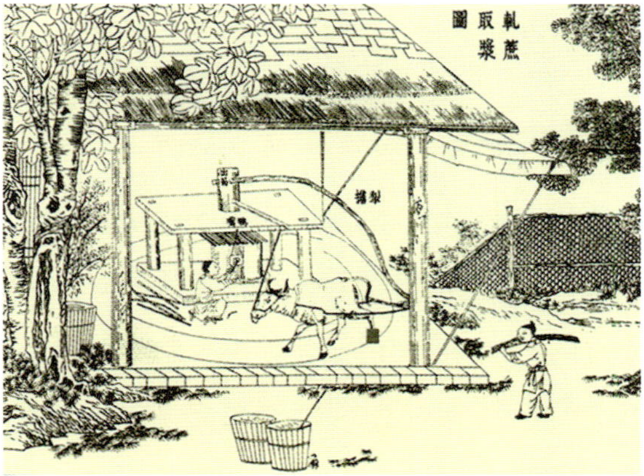

天工开物 轧蔗取浆图
明
宋应星

糖

一日驴犯山下黄氏蔗田，黄请偿于邹。邹曰：汝未知窨蔗为糖霜，利当十倍。试之，果信。”

从该篇故事中可知，这位唐代邹姓高僧行踪飘忽、处事有趣，他不仅通晓用甘蔗制糖的方法，还每每使唤一头毛驴独自驮着钱去街市购物，而当毛驴在途中弄坏了黄姓人家种植的甘蔗之后，他便把从甘蔗中提取糖的方法告诉了对

② 一类辑录周边地区和国家新异物产等的典籍，流行于汉、唐。这里指东汉杨孚编撰的一种，原书已亡佚。

③ 古代地名，在今越南北部。

④ 这个字读作 zé，意思是促迫、压榨等。

⑤ 这个字读作 xíng，指糖稀。

⑥ 指元代海宁名医吴瑞，著有《日用本草》。

⑦ 这里是“需要”的意思。

⑧ 这里与“值”相同，“平直”大体相当于“等价”。

方，通过传授提高甘蔗利用价值的方式，间接赔偿了人家的损失。

如果传说属实，那么，这位高僧真的可以被奉为制糖宗师了。根据史料记载，唐朝时从西域引入我国的古印度制糖技术，的确大大改善了我国传统的制糖工艺，使当时的制糖业迈上了一个新的台阶。联系到大唐盛世中印之间包括佛教在内的文化交流，或许制糖技艺由寺院、僧侣充当媒介而传入中土的说法也是合理的。

糖霜由于是一种以黏稠液体为基础，通过再加工形成的结晶体，显然更便于储存和食用，而且其雪白如霜的颜色也更讨人喜欢。因此，宋代许多文人的作品中都有赞美它的诗句，例如苏轼《送金山乡僧归蜀开堂》中的“冰盘荐琥珀，何似糖霜美”；再如黄庭坚《次韵伯氏戏赠韩正翁菊花开时家有美酒》中的“乌角巾边簪钿[9]朵，红银杯面冻糖霜”。另外，黄庭坚还专门写过《又答寄糖霜颂》，杨万里则有《德远叔坐上赋肴核八首糖霜》，与他们二位同时代的诗人邓肃也写过《从昭祖乞糖霜》。

所有这些涉及糖霜的作品，有一个非常鲜明的特征，那就是每每称颂糖霜的时候，各位诗词大家都会不约而同地用到“冰、寒、冻、冷”这些带有丝丝凉意的字眼，比如“冷香入骨追琼液”“青女吹霜冻作冰”“透骨清寒轻著齿”等等。这种利用大自然的慷慨馈赠，复经人类之手提炼创造出来的结晶，的确如冰雪般晶莹，至真至纯，映射着天地之间的光芒，又给我们的生活带来甜美和回味。

需要留意的是，现在西式糕点上也常常涂抹一种名为“糖霜”的调味品，其基本原材料有糖粉、奶油、糖浆等等，但这种糖霜和我国古代的糖霜显然并不是一回事。

⑨ 这是个多音字，读diàn的时候，指的是古代一种镶嵌金花的首饰；读tián的时候，指的是硬币、钱。这里是前一种读音与意思。

再行一步

糖无疑是一种非常重要的调味品，同时还可以被制成色彩缤纷的小食品，比如让一些儿童以至成年人都“爱不释嘴”的棒棒糖等。

作为调味品，糖的用处很多，它既可以给菜品提鲜、上色，更可以直接增加菜品的甜味。例如清代袁枚的《随园食单》中说到烹制黄鱼的方法时，就记载：“候卤干色红，加糖，加瓜姜收起，有沉浸浓郁之妙。”

在现代美食中，各个品类的糖也在不同菜品中大显身手，如炖品中的冰糖、中式点心中的红糖，以及各种“糖醋”菜肴中的白砂糖，都是不可或缺的调味主角。

风靡大江南北的糖炒栗子，更是使用了最古老的糖稀。这阅尽历史云烟、活力却依然不减当年的古法“糖”，已经成为甜蜜生活的象征，例如清代金朝觐就在《三槐书屋诗钞·怀楳澥[10]二首》中就写道：“何似含饴弄孙乐，余年赢得一身轻。”在春意融融的日子里，庭堂之上儿孙绕膝，院外街巷中卖饴糖

⑩ 读作 méixiè，是清代文人缪公恩的号。

糖

民间生活图集 卖米糖
清
佚名

小贩箫声悠长，这确实能够让人忘却一切烦恼、心中唯有暖意。

宋代词人汤恢曾经填过一首《倦寻芳》词，整首词就是一幅在和暖春日里，脱去冬装的人们闲散而微有倦意，并任思绪信马由缰的画卷：“饧箫吹暖，蜡烛分烟，春思无限。”这里的“饧箫”，指的就是古代饴糖小贩特有的一种叫卖工具。

饴糖虽好，但是古代许多先贤哲人对这种美味却一直保持着清醒的头脑，例如明代冯梦龙在《智囊全集 · 上智部》中，曾经引过明代陈懋仁《泉南杂志》中的一段话："泉地出甘蔗，为糖利厚，往往有改稻田种蔗者，故稻米益乏，皆仰给于浙直海贩。莅兹土者，当设法禁之，骤似不情，惠后甚溥[11]"。

这段话简要论述了发展经济作物与确保粮食作物之间的关系，明确告诫地方长官和民众不要只顾着追逐眼前利益，而更要着眼于子孙后代的福祉。

就算是种植经济作物，我们祖先也旗帜鲜明地表明了在中华沃土上，一切物产都应造福于中华民众的坚定立场。例如清朝光绪年间的诗坛巨子黄遵宪，他的诗集《人境庐诗草》里有一首记其台湾之行的诗，其中写道："倭人竟割台湾去……糖霜茗雪千亿树，岁课金钱无万数。天胡弃我天何怒，取我脂膏供仇虏！"诗人满腔的爱国情怀一览无余。而且，这位铁骨铮铮的文人，在诗中也信心百倍、豪情万丈地喊出了"当初版图入天府，天威远及日出处""亡秦者谁三户楚，何况闽粤百万户"这样语声铿锵、掷地有声的口号。

另外，在古人眼里，世间万物其实都能够引发人的思辨和

⑪ 意思是广大。

灵感，比如一些文献中都引过南北朝时期文学批评家钟嵘的长兄钟岏[12]的《食生物议》：“䱇[13]之就脯，骤于屈伸，蟹之将糖，躁扰弥甚，仁人用意，深怀如怛[14]。”而且，据说这种意思在《晋书·何曾传》里就已经有过。

这段话的主要意思是：摄取动物脂肪和蛋白等是人类的生存所需，而怀有仁爱之心的人却不忍目睹动物的生命遭到戕害，也就是俗话所说的“眼不见为净”，因此，当鳝鱼被晾晒成肉脯、螃蟹被浸渍成糟蟹的时候，对于它们身体的短暂屈伸与躁动，人们都是不愿意亲眼见到的。

这段话里的“糖”指的是酒糟，大致相当于现在的醪糟。此外，这段话的主旨也提醒我们：在满足人类生存所需的同时，我们对自然界的一切生物也必须心存尊重与仁爱。

⑫ 这个字读作 wán，表示山峰峻峭、高耸的样子。

⑬ 这个字读作 shàn，是“鳝”在古代的一种字形。

⑭ 这个字读作 dá，意思是痛苦、忧伤、忧虑等。

葱

cōng

蔥

小篆

隶书

楷书

行书

“葱”这个字按照现在的字形，上面的“艹”表明它的意思与植物有关；下面的部分本身也是一个字“忽”，表示“葱”的读音与它接近。

但是在西周金文里，“葱”写成等形状。对于这种字形，不少人认为它就是“葱”的象形字，表示葱的球形根茎和中空的叶子。一些文献中的用例似乎也支持这种说法，比如西周一些青铜器铭文中的“葱衡”，其中的“葱”用的就是这种字形。而“葱衡”指的是一种用于悬挂佩玉的青绿色配件，“葱”在这里表示青绿色，源头正是葱叶本身的颜色，所以也是由“葱”的植物意义发展而来。

毛公鼎 铭文
西周

在《说文解字》中，“葱”的释义是：“菜也。”这指的就是我们现在食用的葱了。《礼记》中有言“脍[1]，春用葱”“切葱若薤[2]”，意思是春季的时候要用葱给切细的鱼肉等调味；葱要切得细碎一些。

当然，许慎在《说文解字》中解析“葱”的字形时，依据的是小篆。而“葱”的小篆字形上面是“艹”，下面的部分写成“悤”字。这个“悤”字和葱姜蒜的“葱”在西周金文里字形完全相同。

参照“心”的金文字形和《说文解字》中烟囱

的“囱”的古文字形，再考虑到汉字在演变过程中往往有增加偏旁的现象，所以，金文里被一些人认为是葱姜蒜的“葱”的字形，或许解读为“囱”和“心”的组合字“悤”更加合理。这也正是一些文字学家的看法。因为“囱”最初指的是天窗，古人又认为心脏是主管思维的器官，所以，由“心”和“囱”两个字叠合并创造出来的这个新字形，表示心开了天窗，实际上意味着心的孔窍通畅，也就是指人的思维通达和聪明。因此，段玉裁在《说文解字注》里解读这个字的时候也曾说：“叚③令入心部，则当为心了悟之解矣。”虽然段氏说的是“假令”，但是如果参考聪明的“聪”的繁体字形及其他一些因素，或许这种解读反而是较为合理的。

至于文献中用这种字形表示大葱的“葱”，恐怕是一种借用，就像李时珍在《本

① 这个字读作 kuài，最初意思是切细的鱼肉等。

② 这个字读作 xiè，指的是通常被称作“藠（jiào）头”的那种植物。

③ 这个字读作 jiǎ，意思和表示“借用、凭借”的“假”相同。“叚令”即“假令”。

草纲目》中所说："葱从囱，外直中空，有囱通之象也。"意思是说葱的叶子呈中空圆筒状，很像"囱"字所表示的那种孔窍通达的样子。因此，后来才在"囱"的基础上产生了增加"艹"的"葱"。

另外，在广西合浦县，很久以来一直流传着"食葱聪明"的说法。该地区每年农历六月十六都有给小孩吃葱的传统，据说这样可以使孩子更聪明。再者，根据医学研究，葱里含有的前列腺素A具有扩张血管、促进血液循环等作用，有助于大脑中的血氧指标维持在正常水平，预防老年性痴呆。这些与葱相关的"通窍"风俗以及相关的科学研究，似乎也给"葱"字里包含的心意通达的意思增加了注脚。

"葱"字的来源虽然比较复杂，但是这种植物本身以及它在烹饪中的作用却相对简单明了。

首先，尽管葱的品种多样，但是根茎、叶子的形状却基本一致，都是白色茎杆、绿色叶子，而且一般都有程度不同的辛辣味道。因此，它也被佛家列为禁食的"五荤"之一。

其次，葱除了在小葱拌豆腐、大葱蘸酱卷烙饼这类美食中可以直接入口之外，其主要的调味作用就是解油腻、减腥膻，所以它自然成为鸡鸭鱼肉等荤腥类食材的良伴。因此，有它参与的美味不可胜数。

源自扬州、通行于江淮地区和黄浦江两岸的阳春面，虽只是素颜汤碗中的清汤净面，但因那点缀其间的几许碧绿葱花，未曾入口，一缕江南味道恐怕就已经充盈于每一个味蕾。而鲁菜翘楚“葱烧海参”，则是浓汁、浓味入其里，浓色表其外，浓郁的葱香、酱香更激发出食材本身的香味，浓重的酱色也配衬着食材的本色。至于香飘北京四九城的半自助式炙子烤肉，则更是如此。铁炙子上嗞嗞作响、烟气萦绕的牛羊肉和葱丝，不仅持续地散发出诱人的香味，同时还营造出“万牛脔[4]炙，万瓮行酒”式的豪气。

④ 这个字读作 luán，意思是切成小块的肉。两句诗引自韩愈《元和圣德诗》。

葱

再行一步

可见，葱既可以在阳春面中扮相温婉；也可以在炙子烤肉中气度豪放，说它仪态万千好像并不为过。

“削葱”一说，从字面来看，似乎是用刀一类的工具加工葱这种配料。而实际上，这里的“削”指的是“瘦削”的“削”，“削葱”的意思是水灵细腻、瘦削修长、如嫩葱一般的女子手指。例如唐代诗人元稹《春六十韵》中的“启齿呈编贝，弹丝动削葱”，描写的就是一位妙曼的弹唱女子，樱唇轻启，皓齿如贝，匀称齐整；十指修长，轻抚瑶琴，柔美灵动。

清代文人，且有“中国第一报人”之称的王韬，在其仿《聊斋志异》的文学作品《淞隐漫录》中，描写几位京剧名伶时也曾用过“十指削葱，双瞳剪水”这样的语句。另外，在古代文学作品中，“春葱、青葱、玉葱”等词也常常用来形容女子柔美修长的手指，例如白居易《筝》：“双眸剪秋水，十指剥[5]春葱。”

眼眸涟漪飞花，澄澈如水；十指纤若柔荑[6]，好似剥去了表层的嫩葱，这几乎成了古代美女的“标配”。由此可以看出眼

⑤ 在文言诗文里，读作 bō 更恰当。

⑥ 语出《诗经》，原本指植物初生的叶芽，通常用来比喻女子柔嫩白皙的手。

簪花仕女图
唐
周昉

和手的形态在古人审美评判中的重要地位，同时我们也知道了将“葱”用于形容人的时候，借用的大抵都是它的形态。

相对而言，用“葱”来形容事物的时候，借用的则多半是它的颜色。例如晚年在宁波天童山景德寺修行的宋代高僧释正觉，在其《上元后二日过谦师庵》一诗中道“横溪一径两山分，深翠茏葱行日昏”，正是借用了葱的绿色，描画出一幅农历正月十七黄昏时分林木苍翠、茂盛的山景。

有趣的是，将“茏葱”一词字序颠倒，刚好又生成了一个新词“葱茏”，二者的意思基本相同，例如金代诗人史肃的《北

秋山晚钟图

清

张崟

潭》："竹阴松影玉葱茏，十里平堤一径通。"再进一步，这两个词语由最初苍翠茂盛的意蕴，渐渐又淡了、褪了那份绿意，只留下那种浓密、茂盛的状态。例如唐代诗人杨巨源《夏日裴尹员外西斋看花》中的"葱茏和叶盛，烂熳压枝鲜"，吟咏的显然是色彩绚丽、繁盛茂密的群芳了；而明末清初诗人宋琬《南津关即西陵峡》中的"幂历青萝幽，茏葱白云厚"，描画的则是爬满岩壁的青萝和堆积如絮的白云。

而且，正是由于淡了颜色、添了厚重，所以"茏葱"也好，"葱茏"也罢，这两个用来表示浓密、浓稠的词，慢慢又衍生出朦胧之意。例如宋代诗人范成大《浣溪沙》中的"烛光花影夜葱茏"；还有明末清初思想家王船山《后渔鼓乐》中的"皓月渐临深院里，茏葱光影无回避"，那泛黄的烛晕、迷离的月色、影影绰绰的花朵，无一不令人心绪弥散，思绪飘荡，整个身心也渐渐淡漠、葱茏，融化在仿若失却焦距般的朦胧夜色中。

姜

jiāng

姜

“姜”这个字有两个来源：一个来源是我们现在使用的这种字形；另一个来源是由“艹”与坚强的“强”的古文形体“彊”组合形成的字形，后来，这种字形“薑”又被写成“薑”。

第一种字形在甲骨文里写成，上面的“羊”表示字的读音与“羊”接近，下面的“女”表示字的意思与女性相关。这种字形一直沿用到今天。《说文解字》中的释义是：“神农居姜水，以为姓。”

按照许慎的解释，“姜”是我们中华民族的一位先祖——神农氏的姓氏。而且根据大多数古代文献记载，神农氏就是炎帝，因为他居住在一条名为“姜”的河流岸边，所以就用这条河流的名称

小篆

隶书

楷书

行书

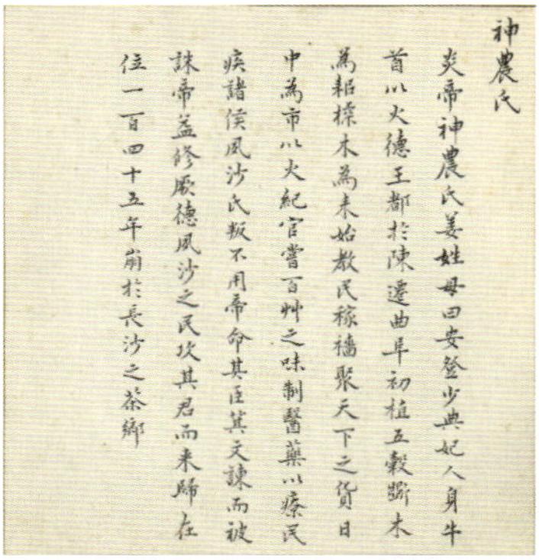
神農氏
炎帝神農氏姜姓母曰安登少典妃人身牛
首以火德王都於陳遷曲阜初植五穀斲木
為耜揉木為耒始教民稼穡聚天下之貨日
中為市以火紀官嘗百艸之味制醫藥以療民
疾諸侯夙沙氏叛不用帝命其臣箕文諫而被
誅帝益修厥德夙沙之民攻其君而來歸在
位一百四十五年崩於長沙之茶鄉

神农氏　历代帝王圣贤名臣大儒遗像

作了自己的姓氏。而在以部落、氏族为主的原始社会，社会形态基本属于母系氏族，家族血脉的延续一律以母系为线索，因此，被用作原始姓氏的汉字中大都包含女字旁，例如黄帝姓“姬”，舜帝姓“妫[1]”，大禹则姓“姒[2]”等，这些姓氏充分体现了远古时期母系社会的印迹。

显然，被用作姓氏的“姜”与现在用作调料的姜并不是一回事。这个字的第二个来源才是这种调料名称的真正源头。

古老字形“薑”上面的“艹”表明字的意思与植

物有关；下面的“彊”表示字的读音与它接近。许慎在《说文解字》中对这种字形的解释是：“御湿之菜也。”

许慎的解释有两个要点：第一，明确了“姜”是一种蔬菜；第二，明确了这种蔬菜的一个主要作用是祛湿。

清代名医、安徽休宁人汪昂在《医方集解》中曾经提到“干姜益阳而燥湿”“雨湿加生姜”等，可见，作为蔬菜的姜本身可以入药，而且它的主要作用之一正是祛除体内湿气或是抵御外界湿气对人体产生不良影响。

由于具有这种明显的药理功效，所以姜一直被视作一种对健康有益的保健食材，而且对于其食用方法，民间也有不少讲究，例如民谚“冬吃萝卜夏吃姜，少劳医生开药方”“上床萝卜下床姜”等等。

从民间谚语来看，姜似乎与身体的

① 这个字读作 guī，原本是一条河流的名称。现在北京还有一条河流叫“妫水河”。

② 这个字读作 sì，原本指丈夫的嫂子，也指姐姐。

动静状态有关。当我们的肌体需要静的时候，比如冬季以及夜晚休息的时候，就不宜吃姜；而当夏季来临以及清晨起床之后，身体处于活跃状态，是激活体内细胞的最佳时期，所以就适宜吃姜。

另外，李时珍在《本草纲目》里还曾经谈道："多食莱菔[③]动气，惟生姜能制其毒。"看来，生姜对萝卜具有克制功能，因此，寒冬盛夏、白昼黑夜，依序交替食用它们，将有助于维持人体内部的平衡。

其实，中华美食也一向秉承膳食平衡的理念与传统，比如螃蟹性凉，而姜则属于温热之物，因此，姜末或姜汁就成为吃蟹时的必备蘸料。还有源于珠江三角洲的传统甜品"姜撞奶"，也是性寒的牛奶和性温的姜汁的完美结合，在寒凉天气中品尝，尤其令人脾胃温暖、脏腑通泰。

姜的好处如此之多，的确是一种不可多得的调味及保健佳品，难怪古代诗文中也不乏它的身影。例如唐代诗人薛逢《题独孤处士村居》："江上园庐荆作扉，男驱耕犊妇鸣机。林峦当户茑[④]萝暗，桑柘[⑤]绕村姜芋肥。"这仿佛就是一幅依山傍水的乡村美景素描：

柴门掩映着江渚小屋，男子在田间耕作，女子在家中纺织，窗外的山林郁郁苍苍，遮住了洒向藤萝的阳光，村外桑树、柘树环绕，田里生姜、芋头长势正旺。

宋代诗人刘子翚[6]更是专门写过《园蔬十咏·子姜》："新芽肌理腻，映日净如空；恰似匀妆指，柔尖带浅红。"他在诗中把细嫩的姜芽比作女子的纤纤手指，晶莹柔嫩。在古代诗文中，"姜芽"的确可以作为姜的一种美称出现，例如金末元初的文人元好[7]问在其《最高楼商於[8]鲁县北山》中写道："东家劝[9]饮姜芽脆，西家留宿芋魁肥。"这两句描写的就是好客的主人用鲜嫩的姜和肥美的芋头款待客人。此外，苏东坡写过"先社姜芽肥胜肉"，明代文人钱继登也留下了"黄鸡肥欲待姜芽"等诗句。

③ 指萝卜。"菔"读作 fú。

④ 这个字读作 niǎo，指一种常常攀缘于松柏的寄生植物。

⑤ 这个字读作 zhè，指一种树叶可以用来养蚕的落叶灌木或乔木。

⑥ 这个字读作 huī，最初指一种五彩锦鸡，后来也表示这种锦鸡以及其他鸟类的羽毛，还可以表示"疾飞"。

⑦ 在这里读第四声。

⑧ 用于地名时，现在一般读作 yú。"商於"是一条著名的古道，东起现今河南省，西至陕西省。

⑨ 也有版本作"欢"。

再行一步

姜芽味美，而且还可用以比作女子的手指，足见它是内外兼修。反过来，女子细嫩的手指也可以比作姜芽。例如出生于晚清的词人、画家夏敬观在其《忍古楼诗话》中，曾引清末民初文人樊增祥《大雪两昼夜势犹未已喜赋》中语："映书不眩秋水瞳，临帖频呵姜芽指。"

然而，将女子手指比作姜芽且更有创意和趣味的诗句出自柳宗元之手。他在和另一位诗人刘禹锡往来、唱和的时候，曾经写道："世上悠悠不识真，姜芽尽是捧心人。"这句话从表面上看，是用双手捧心的仪态描画出一副我见犹怜的病美人状。但实际上，整首诗的主题却是朋友之间的戏谑与自嘲，柳宗元一方面提到对方常常带着儿子临池挥毫，同时还调侃刘禹锡想让两位公子跟随自己习字并仿效柳氏书法；另一方面也暗示许多习字之人都不过如"东施效颦"罢了。

柳宗元的诗作，其实是对刘禹锡诗作的回应。因为刘禹锡收到柳宗元戏谑刘家公子书法的诗作之后，常常带着儿子去池边

画丽珠萃秀册 西施
清
赫达资

习练书法，还写诗给柳宗元。诗中写有“柳家新样元和脚，且尽姜芽敛手徒”。两句诗的大体意思是柳宗元书写的“捺”笔很有趣，已经形成了独特风格，并戏称这种风格是“元和脚”，因此，自己就让儿子们捉笔模仿柳氏风格了。

面对刘禹锡的戏谑与诗文唱和，柳宗元岂能不回应，于是便有了两位大诗人之间的你来我往，从而给后世留下了一段佳话。

但是这段佳话在流传过程中，也不免留下一些令后人颇费思量的疑惑：一是明代文学家钱希言《戏瑕》中提到的《姜芽帖》是否存在；二是根据南宋文人刘克庄的“未必园丁谙树性，更愁墨客笑姜芽”，还有《晚晴簃诗汇》中所引的清代书画家

春闺倦读图
清
冷枚

冯誉骥的“姜芽敛手窃自愧，敢从点画论波磔[10]”等诗文用例，是否能够判定“姜芽”具有“毛笔字笔锋”的含义。

这些问题迄今为止尚无明确答案，但是，“姜芽”这种说法与书法有关却是确凿无疑的。

由姜芽萌发的姿态联想到女子的纤纤玉指，进而将之与笔墨纸砚联系起来，可见古人的生活情趣以及发现和创造美的卓识。

就算是着眼于姜的美味，如唐代诗人李商隐的《赠郑谠[11]处士》中“越桂留烹张翰鲙[12]，蜀姜供煮陆机莼”两句，也是一方

⑩ 这个字读作 zhé，本来指割裂、分裂等，这里指汉字的笔画“捺”。

⑪ 这个字读作 dǎng，意思是正直的言辞。

⑫ 在这里与“脍”意思相通。

面通过赞美生姜等物，来表达自己对桃源般乡村生活的向往；另一方面又通过引用“莼鲈之思”这个典故，道出自己浓浓的思乡之情。

“莼鲈之思”的掌故中，涉及了两位古人，一位是西晋文学家、书法家、孙吴丞相陆逊之孙陆机；另一位是西晋文学家、西汉留侯张良之后张翰。

据《世说新语》记载，陆机当年有一次谒见晋武帝司马炎的女婿王济，豪放不羁、连岳父都敢嘲弄的王济有心在气势上压制陆机，便指着满桌乳酪问：你们江东有什么能与此相比？陆机则举重若轻地说：江东有千里莼菜，而且其滋味鲜美得都不需要调味。因此，后人就用“陆机莼”来代指家乡的味道。

张翰则不愧是功成身退的张良之后，他因不愿卷入晋室的“八王之乱”，所以挥笔写就《思吴江歌》：“秋风起兮木叶飞，吴江水兮鲈正肥。三千里兮家未归，恨难禁兮仰天悲。”他以因见秋风起而思念家乡的莼羹、鲈鱼为由辞官归隐，其实根据《晋书》等文献可以获知，他的真实心理是厌倦了官场倾轧，不甘再受官位、利禄的羁绊，而一心向往闲适的快意人生。

蒜

suàn

蒜

“蒜”这个字上面的“艹”表示字的意思与植物有关；下面两个“指示”的“示”构成的字读作 suàn，表示整个字的读音与它接近。

在《说文解字》中，“蒜”的释义是：“荤菜。”这里的“荤”，用的是“荤”这个字最初的含义，是指带有辛辣刺激性味道的植物，而不是指肉类食品。这的确符合“蒜”这种植物的本质特征。

而且正是由于这种原因，具有浓郁辛辣刺激味道的蒜就被佛家列入了禁止食用的“五荤”。

佛家禁食“五荤”，目的是让修行者尽量避免受到外界干扰，从而保持内心宁静。然而对于世俗之人而言，古代

小篆

隶书

楷书

行书

圣贤早已说过“食色，性也”“民以食为天”等等，意思是食物乃维持生命的必需品，而填饱肚子也是人生的第一要务。例如《后汉书》里就有这样一段话：“太原闵仲叔者，世称节士，虽周党之洁清，自以弗及也。党见其含菽饮水，遗[①]以生蒜，受而不食。”

这段话的大致意思是：

古时候有一位洁身自好的人名叫周党，可是他认为比起一向具有节操美名的闵仲叔来，还是自愧不如。当他看到闵仲叔吃豆子、喝清水维持生计的清贫生活之后，就给了后者一些生蒜，然而闵仲叔虽然接受了，却并不食用它们。

可见，蒜是一种可以充饥的食物。而且除了充饥，蒜对于人体还有其他种种益处。在这诸多好处之中，蒜的抑菌消毒作用尤为显著。根据记载，在两次世界大战中，英、法、美等国军队就曾经把蒜当作预防疾病的食物以至消毒用品。而在我国古代医药文献中，也多次提到蒜的医疗功效，例如《本草纲目》中记载，“流行性斑疮。煮葵菜叶，与蒜齑[②]合吃，有效”；《千金翼方》里也提到，“蒜味辛温有小毒……理胃温中

各行业人物场景图 卖蒜
清
佚名

官窑青釉蒜头瓶
宋

除邪痹毒气”。看起来，蒜所具有的药理功效还是十分多样的。

就算是在诸多调味品中，蒜也属于荤素咸宜的多面手。在石臼、铁臼中历经千捶百捣而浴火重生之后的蒜泥，被置入蘸料碟中，既可以成为为各类酱肉提味的“画龙点睛”之笔，也可以成为进食老北京炸灌肠、炸饹馇③时不可或缺的一种小料。

而在灶台之上，当锅中油温渐渐升起，一把蒜蓉似飞蛾扑火般闪入锅中，

① 这里读作 wèi，意思是送给。

② 这个字读作 jī，意思是姜、蒜、韭菜等的碎末。

③ 这个词读作 gēzha，指的是一种用豆面制成的饼状食品，一般切块后油炸或炒菜。

紧随其后的则可能是各种碧玉般晶莹的青菜，几个翻滚之后，素净的餐盘中便会出现一片悦人眼目的绿油油景色。

有些烹制时间稍长的热菜，也常常会用到整颗、整瓣的鲜蒜，这些蒜经文火炒制之后，色泽金黄，形似栗子，它们在给菜品主材调味的同时，也从汤汁中吸足了主料的滋味，所以同样是可以品尝的美味。例如蒜子烧鳝段，食客们并不会纠结于孰主孰次这种问题，一切美食都凭自己的味蕾做主，他们既钟情于被蒜压制了腥气的黄鳝，也沉醉于浸满了海鲜、河鲜味道的香蒜。

清代龙顾山人等编著的《十朝诗乘④》中，有一句“客至，设筵于炕，列盐酱蒜韭之属，肉切白片，贮以盘”，说的是满族士大夫阶层每年年底的一种“跳

紫光阁赐宴图 局部
清
姚文瀚

神”风俗，一般都以肉食宴客，并称之为“食神余”，而且还形成了客人吃得越多则越吉祥、客人享用完毕也不必道谢的习俗。

另一位清代文人连横编撰的《台湾诗乘》中则有：“御冬蓄旨腌番蒜，占岁丰穰[5]验刺桐。”诗句呈现的是过冬之前人们忙着腌制鲜蒜以及用刺桐这种植物占卜来年收成的场景。诗句中之所以把蒜称作“番蒜”，其原因是蒜的原产地本在西亚一带，后来才从西域传入我国，随之成为土生土长的中华蒜。

④ 这里读作 shèng，意思是典籍。

⑤ 这个字读作 ráng，意思是麦、稻等庄稼的秆，也指谷物丰收。

窑变蒜头瓶
清

再行一步

蒜在我国获得永久居留资格之后，它就在这块广袤的沃土上生根发芽、茁壮成长。

苏东坡有一首《哨遍（春词）》，里边有“睡起画堂，银蒜押帘，珠幕云垂地。初雨歇，洗出碧罗天，正溶溶养花天气”这样的词句。南北朝诗人庾信的《梦入堂内诗》里也有“幔绳金麦穗，帘钩银蒜条”两句。

从这两位文学名家的作品看，蒜显然已经登堂入室、成为人们居室中的座上宾了。这是什么原因呢？原来，两首作品中的“蒜”并不是指植物，而是指古时候与蒜形似的钩挂或压坠床帏、帘幕的那类装饰物，一般都以白银制成。

家居用品因与蒜形似而用“蒜”命名，那么，下面作品中的“蒜发”指的又是什么呢？例如宋代诗人沈说《简柳濬[⑥]卿》：“一别仅三年，相看事宛然。旋添新蒜发，犹耸旧吟肩。”根据常识推断，诗句中的“蒜发”指的应当是花白的头发。

参照唐代李延寿编撰的《北史》中引南北朝西魏名将王思

⑥ 濬，同“浚”，表疏通、挖深、掘取之意。

政语："吾自数年已还，恒有蒜发，昨来忽尽。蒜者算也，其算尽乎！"还有元代陶宗仪《南村辍耕录》："人之年壮而发斑白者，俗曰算发，以为心多思虑所致。盖发乃血之余，心主血，血为心役，不能上荫乎发也。"我们可以了解到，"蒜发"的意思确实就是华发。

此外，比较有趣的是，古人还认为，人的发丝之所以变白，其主要原因在于思虑过多，也就是太工于算计。而"蒜"这个字下边的"祘"恰巧正是"算"在古代的一种字形，所以就形成了一张盘根错节的"关系网"。

这种情况或许会让我们产生这样的认识：华发早生可能并非多情之过，而是多虑所致。

思虑过多催生白发，这是合情合理而且也容易理解的一种现象，但是如果说思虑还催生了"蒜山"，这就令人费解了。不过，根据宋代史弥坚修、卢宪纂《嘉定镇江志》引《润州类集》的记载，"一说蒜当为筹算之算，周瑜、诸葛亮尝会此山，议拒曹操，后有赤壁之胜，时人谓其多算，以为山名。故龟蒙算山诗'周郎计策清宵定，曹氏楼船白昼灰'。"看完这段话，

赤壁图
金
武元直

疑虑自然会冰雪消释。

当然，“时人”之说一般颇多臆测，《嘉定镇江志》里面其实还记录了一种比较靠谱的说法：“山生泽蒜，因以为名。”可见，还是由于山体的植被分布状况影响了山的命名。

“蒜山”在古代绝对算得上是名山，许多古代诗文都提到过它，例如宋代诗人朱长文《春眺扬州西上岗寄徐员外》：“瓜步⑦早潮吞建业，蒜山晴雪照扬州”；还有苏东坡《次韵许遵》：“蒜山渡口⑧挽归艎⑨，朱雀桥边看道装。”

但是根据一些古代文献，这些诗文中的“蒜山”与现在镇江境内只有一座小山包的蒜山指的并不是同一座山，因为唐、

⑦ 山名，亦称“桃叶山”，在现在南京市六合区境内。

⑧ 即现在江苏镇江境内的“西津渡”。

⑨ 这个字读作 huáng，这里指渡河的小船，而不是表示大型舰船的“艅艎”。

宋之前的蒜山，据称山上可以屯兵逾万，如南北朝时期沈约著《宋书》提到东晋起义军首领孙恩的时候，里面记载着：“恩率众数万，鼓噪登蒜山”。可见，那个时候的蒜山不太可能只是一座小山包。

那么，当年气势雄浑的蒜山哪里去了呢？据文献记载以及一些人的研究，由于当年“蒜山无峰岭，北悬临江中[⑩]”，所以在滔滔江水持续不断的冲击之下，最终轰然坍塌，付诸滚滚东流了。元末明初脱因修、俞希鲁编纂的《至顺镇江志》中就有这样几句话：“则此山宽广可容万人，宋时犹可居止，不知何年沦入于江也。”

不过，脱因所说的“宋”应当是指北宋，因为南宋诗人杨万里《题连沧观呈太守张几仲》中已经有“蒜山旧址空黄鹤，瓜步新城照白鸥”这样怀古的诗句了。

睹今追昔，在苏东坡诗文中多次出现，乃至令这位大居士还动了租其一隅[⑪]筑屋闲居心思的蒜山，隔了不过几年时光，就“白云千载空悠悠”般地杳如黄鹤了。沧海桑田，世事无常，的确难免令人发思古之幽情。

⑩ 摘自《艺文类聚》《太平御览》等文献引《京口记》。《京口记》根据多人考证为南北朝时期刘宋政权官员刘损所著，而不像有些文献说的那样是“建安七子”之一的刘桢著。

⑪ 见苏轼“蒜山松林中可卜居，余欲僦（读作 jiù，意思是‘租’）其地，地属金山，故作此诗与金山元长老。‘蒜山幸有闲田地，招此无家一房客’”。

豉

chǐ

豉

小篆

隶书

楷书

行书

“豉”这个字左边的“豆”表示字的意思与豆子有关；右边的“支”表示字的读音与它接近。

《说文解字》中，“豉”的释义是：“配盐幽尗①也。”“配盐”指的是用盐来盐渍、发酵；“幽”指的是放置在室内昏暗避光的地方，而且发酵用的坛子本身需要密封，密封后的坛子，里面自然是伸手不见五指。这些都是制作豆豉的最基本方法。而这里面最关键的材料——豆子，在《说文解字》中被写成“𣐼”这种字形。而且许慎还进一步解释说，现在我们使用的“豉”字在当时属于来自民间的一种非正式写法。

“尗”这个字按照一些文字学家的

① 这个字读作 shū，为“菽”的异体字。

考释意见，它表示的是豆类作物的根、茎、叶和籽实。这个字最初也被写成叔叔的“叔”，右边的“又”字原本是手的形状，在这里表示用手采摘豆荚或者捡起成熟后掉在地上的豆子。到后来，为了表示豆类作物这种意思，便在“叔”字上面增加了“艹”，写成了“菽”。例如陶渊明《桃花源诗》：“桑竹垂余荫，菽稷随时艺。”描写的是桃花源里桑树、翠竹成林，荫蔽四野，农民则将各种粮食作物随时令依次下种并进行田间管理。

豆豉的“豉”，无论从字形，还是从现在更加通行的“豆豉”这种说法看，本质上，它显然属于豆类。按照现在一些工具书的解释，它的基本意思是：把黄豆、黑豆等蒸熟或煮熟之后，再经过盐渍发酵而制成的食品，其主要作用是充当菜肴的调味品。

《齐民要术》里记载了一种使用豆豉等作料炒鸡蛋的方法：“打破，著铜铛中，搅令黄白相杂。细擘[②]葱白，下盐米、浑豉，麻油炒之，甚香美。”贾思勰通过加一字则嫌累赘、减一字则不通顺的精妙言辞，仿佛已将用葱末、碎盐和整粒豆豉调味的炒鸡蛋端到了我们眼前，色泽鲜亮，温热的香气弥漫。读到这段文字的人，喉咙里是否涎水翻涌，就大概只有他们自己知道了。

豆豉这种历史悠久的中餐调味品，现在比较驰名的有：广东阳江豆豉、开封西瓜豆豉、广西黄姚豆豉、山东八宝豆豉、四川潼川豆豉和湖南浏阳豆豉等。然而根据文献记载，豆豉的源头，或者说古人普遍认可的产地应当是在山东。例如书法初唐三杰之一的虞世南，他编撰的类书《北堂书钞》中，就引了汉代无名氏所作乐府诗《古艳歌》："白盐海东来，美豉出鲁门。"同样的意思还可见于唐代"茶圣"陆羽所著《茶经》等文献中引用的魏晋时期诗人孙楚写的《出歌》："白盐出河东，美豉出鲁渊。"

这些文献中提到的情况是不是后来催生山东临沂特产"八宝豆豉"的动因，可能还有待进一步考证。但是，山东究

② 这个字读作 bò，原本指大拇指，后来也表示掰开、劈开。

豉

齐盐鲁豉
汉

州出土的一件汉代风格的瓦器“齐盐鲁豉”，是比较少见的一种连体壶，对于其用途，壶体上的铭文已经表达得十分清楚，即同时储存盐和豆豉。据《太平御览》等文献中引用的东汉谢承编著的《后汉书》③，里面在提到东汉清官、南阳太守羊续时，就记载着：“羊续为南阳太守，盐豉共壶。”

这些文献表明，在汉朝时，山东盛产豆豉应当是不争的事实。现在名满大江南北的鲁菜中，豆豉杏鲍菇、豆豉烧鲫鱼等菜品也已经成为一些餐厅的招牌菜。

此外，以豆豉为原材料，通过再加工制成的豉汁，同样是中式菜品中的一种调味料，例如粤菜里的“豉汁蒸”系列菜品，凤爪、牛肚、排骨和海鲜，没有什么是不能用豉汁调味蒸制的。

《本草纲目》（金陵本）里面就记载了制作豉汁的方法：“十月至正月，用好豉三斗，清麻油熬令烟断，以一升拌豉蒸过，摊冷晒干，拌再蒸，凡三遍以白盐一斗捣和，以汤淋汁三四斗，入净釜。下椒、葱、橘丝同煎，三分减一，贮于不津[4]器中，香美绝胜也。”

③ 原书已亡佚。

④ 指没有水分。

再行一步

豉汁香美，自然是其被用作调味品的原因，但是“好豉”一说，显然也是形成上品豉汁的肯綮[⑤]。

有关上好豆豉的掌故，古代文献中不乏其例，其中“秦淮八艳”之一董小宛亲手制作的豆豉当为个中翘楚。据一些文献引董小宛所著《奁[⑥]艳》残卷可知，董氏豆豉的基本制作方法是：“取色取气先于取味，豆黄九晒九洗为度，果瓣皆剥去衣膜，种种细料，瓜杏姜桂，以及酿豉之汁，极精洁以和之。豉熟擎出，粒粒可数，而香气酣色殊味，迥与常别。”

如此精致的豆豉，据说董小宛的夫家冒[⑦]氏家族还把它当成了送人的礼品。而且据说董小宛每每在灶台间禁受烟熏火燎之后，常常是以一小碗白米饭再加数粒自制豆豉饱腹。

佳人姣好，还有绝对精湛的厨艺，而在那粒粒饱满的豆豉之中，怕是也浸透了浓浓的亲情。一代风华最终就正是由于照顾病魔缠身的夫君，积劳成疾而红颜早逝。

而豆豉与亲情交缠的事例，更令人扼腕的还要说魏晋时期

⑤ 在这里读作 qìng。“肯綮”的意思是筋骨结合处，比喻事物的关键。

⑥ 这个字读作 lián，意思是女子梳妆用的镜匣等。

⑦ 单姓仍然读 mào，用于人名“冒顿”时则读 mòdú，是汉初匈奴族一个单于（chányú）的名字。

写生册
清
冒辟疆

玉肌冰清图
清
董小宛

曹氏兄弟的那桩公案。现在流传的曹植《七步诗》据说是后人所改的简本，而原作则是：“煮豆持作羹，漉[8]豉以为汁。萁向釜中然[9]，豆在釜中泣。本是同根生，相煎何太急。”

手足相残，总是令人叹息的。再往浅一层想，美食当前，我们在大快朵颐的同时，是否也会因了解到豉汁的来历，而从心底生出珍惜美味、珍惜他人劳动成果的意识；对在后厨奏响锅碗瓢盆交响曲的大厨们，产生一丝敬重之情。

⑧ 这个字读作 lù，意思是液体渗下、过滤等。

⑨ “然”本来就是“燃”最初的字形，在这里就等同于“燃”。

庖厨手中调味的豆豉，在治病救人的医家、药家眼里，它们还是祛除人体脏腑、经络邪毒之气的灵丹妙药。例如李时珍在《本草纲目》中记载："黑豆性平，作豉则温……故能升能散；得葱则发汗，得盐则能吐，得酒则治风，得薤则治痢，得蒜则止血；炒熟则又能止汗，亦麻黄根节之义也。"

平平常常的豆豉，与不同的东西配伍，竟然能产生如此多样的药效。而且历史上将豆豉的药效付诸实践的，居然还有写就气势恢宏的《滕王阁序》的唐代文学大家王勃。

据传，公元675年，洪州[10]都督阎某于重阳节为滕王阁的重修竣工而大宴宾客。这天，作为"初唐四杰"之一的王勃恰好路过洪州，便应邀前来，并在席间为滕王阁作序。

其后几日，在与阎都督把盏言欢的过程中，王勃得知阎某染疾数日，由于惧怕麻黄的药性而不能按医方用药，因此，只有眼见着病情一天天加重却苦无良策。

见此情景，曾经学过些汤方与问诊知识的王勃不由想起前段时间的一次经历。那次，他偶遇一位用麻黄汁等浸泡豆子再将之发酵制作成豆豉的老人。老人家制作的豆豉清香味美，没

⑩ 即现在的南昌。

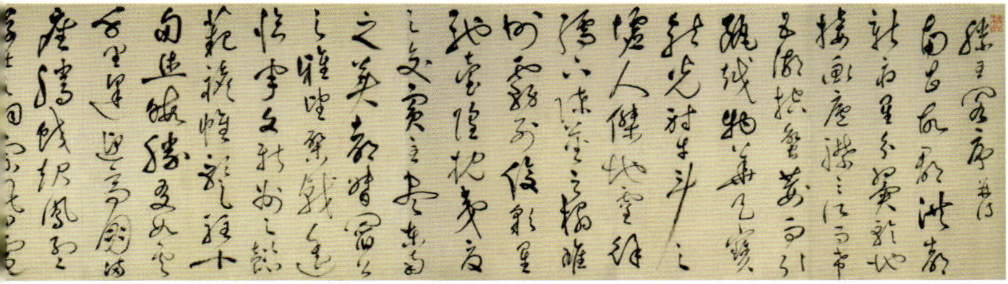

草书滕王阁序
明
祝枝山

有丝毫草药的味道，于是王勃就从老人手中购得一大包放入行囊。豆豉本身就具有类似麻黄的药性，再加上浸透了麻黄汁，那岂不是也可以当作麻黄入药吗？想到此，王勃就建议阎某每日用餐时吃些自己带来的豆豉。

数日后，阎某人的病症果然去了八九分，便要以重金酬谢王勃。但王勃也像大多数古代文人一样重义轻利，素来不把“孔方兄”放在眼里，故而婉拒了阎某的谢金，并提议他在治下多发展当地的豆豉产业。

这段佳话是否与江西成为当今的豆豉生产大省有关，我们不得而知，但就像美味的豆豉能够佐餐一样，那些有趣的传说如果也能成为佐餐的谈资，也不失为一桩妙事。

桂

guì

桂

“桂”这个字左边的“木”表示字的意思与植物有关；右边的“圭”表示字的读音与它接近。

《说文解字》中，“桂”的释义是：“江南木，百药之长。”这个解释说明在东汉的时候，“桂”指的是我们现在通常称作肉桂的植物，而且这种植物可以入药。在张仲景编著的《伤寒论》和李时珍编著的《本草纲目》等文献里，的确已经记载了“桂”的药理作用。

这同现代工具书中，对“肉桂”的解释是非常吻合的，例如：一种常绿乔木，树皮叫桂皮，可入药；嫩枝叫桂枝，也可以入药。

屈原的《离骚》中有一句“杂申椒

桂

小篆

桂

隶书

桂

楷书

桂

行书

与菌桂兮，岂维纫夫蕙茝[①]”；西晋文学家左思的《蜀都赋》里面也有“于是乎邛[②]竹缘岭，菌桂临崖”。这两篇名作中的“菌桂”，实际上就是“肉桂”的另一种名称。

《离骚》中提到的“申椒”，指的是像菌桂一样既有浓郁香气，又有辛辣的刺激性味道的一种植物；而“蕙草”和“茝草”指的则是两种气味芬芳的香草。屈原这两句话用意颇深，他其实是以香草比喻贤良之人，意思是世间需要像香草一样品质纯洁的人士，而且更需要德行高尚，同时还能直率地针砭[③]时弊的人士，这类人为了正义和真理，往往并不刻意隐藏带有辛辣与刺激性味道的行为与言辞。

“桂”除了指肉桂这种植物，按照西晋嵇含编著的《南方草木状》和明代梅膺祚编纂的《字汇》等古代文献，它还可以指现在被我们通常称作“木犀、丹桂”或“金桂”的桂花树，例如《字汇》中，“桂”的释义就是：“木名，花香清远，其叶冬夏常青。”

桂花树开花，香气醉人，仲秋时节繁花似锦，这时候如果漫步江南，无论是在雄浑的紫金山麓，还是在秀美的西子湖畔，一阵阵带着丝丝甜意的花香必然会让人流连忘返。因此，唐代诗人张九龄在《感遇》中就曾经由衷地赞叹：“兰叶春葳蕤④，桂华秋皎洁。”

诗仙李白和宋代诗人毛滂则专门创作过咏叹桂花的《咏桂》和《桂花歌》。李白用“安知南山桂，绿叶垂芳根。清阴亦可托，何惜树君园”来对比春日繁盛、深秋寂寥的桃李，表达了对桂树的

① “茞”读作 chén。“蕙、茞”是古书上说的两种香草。

② 这个字读作 qióng，是地名用字，在这里代替“笻”。“笻竹”是一种可以制作手杖的竹子。

③ 这个字读作 biān，古代指一种可以用来治病的石针。

④ 读作 wēiruí，意思是草木茂盛、枝叶下垂的样子。

紫檀边金桂月挂屏
清 乾隆

桂

芙蓉桂鹭图轴
清
胡湄

喜爱及其在庭院种植的意愿。而毛滂则写出“玉阶桂影秋绰约，天风为卷浮云幕。婵娟醉眠水晶殿，老蟾不守余花落”，几句诗把古人关于月宫仙境的传说描画成了充满诗意的画卷：阆[5]苑中月桂树的枝叶影影绰绰，卷舒的浮云宛若巨大的天幕，微醺的仙女倚榻浅寐，老态的蟾蜍则错过了花瓣飘落的时节。

嫦娥执桂图轴
明
唐寅

清凉的广寒宫中，神仙虽然不食人间烟火，但是伐桂的吴刚却是传说中酿造桂花美酒的仙人，而且据说也是他亲自把这种酿造工艺，传授给了人世间一位开小酒坊的善良妇人，故而至今广西壮族自治区出产的桂花酒，还有“吴刚牌”商标。

清香甜美的桂花，不仅能调和酒的口感，而且还能为美食增鲜、增色。例如宋代范成大《口数粥[6]行》：“家家腊月二十五，淅[7]米如珠和豆煮。……锼[8]姜屑桂浇蔗糖，滑甘无比胜黄粱。”

⑤ 这个字读作 làng，指的是门高大的样子。“阆苑”是传说中神仙居住的地方。

⑥ 一种按家庭人口数来煮粥共享的习俗，故称“口数粥”。

⑦ 这里表示淘米。

⑧ 这个字读作 sōu，意思是刻镂、雕刻。

桂

桂子天香图扇面
明
项元汴

这种根据家庭人口数量煮赤豆粥共食的风俗，正体现了家庭的和睦与和谐。那些为生计或学业而离家在外的亲人回家后，家里人都会给他们盛上一碗象征团圆的粥，甚至连家里饲养的家畜家禽，也都会成为此粥的分享者。温热清甜的粥，在这个时候已经不仅仅是饱腹的食物，而是亲情和善意的表达。

其乐融融的粥宴告一段落，年的味道也愈来愈浓。伴随着袅袅炊烟，一缕缕接踵而来的肉香味中，多半也会携带着桂皮特有的香气。清代袁枚的《随园食单》中，谈到“赤炖肉鸡”这道菜的时候，就记载着：“每一斤用好酒十二两、盐二钱五分、冰糖四钱，研酌加桂皮，同入砂锅中，文炭火煨之。”

宋代江南美女名厨浦江吴氏，在其所著《吴氏中馈录》中，则提到了用桂花调味的菜式，让人在品味美食的同时，眼前亦时时闪现衣袂飘飘的江南女子。现在一些餐馆中的“桂花糯米藕”等菜式，也已经脱离了单纯追求味道的格套，同时也极其重视摆盘的意境，这令众多食客在用味蕾体验美味的同时，连视觉感官也一并沉浸在由美食营造的氛围之中。

再行一步

色、香、味、形兼备，这是任何菜品都追求的最高境界，而实际上，从古至今，盛菜的器皿以及摆盘时陪衬的辅料，也都已经和菜品本身融为一体,成为每一道佳肴不可或缺的组成部分。

现在，一些比较时尚的餐厅在摆盘方面所花的心思和所下的功夫丝毫不比烹饪过程中的少，以致食客们常常会在菜品端上台面的时候，欣喜地看到餐盘中赏心悦目的花瓣、树叶甚至是树枝。

桂树的枝叶，不仅外形美观，而且用途广泛，同时，它们的寓意也十分美好。清代董诰辑录的《全唐文》，里面收录了唐代诗人沈佺[9]期的《峡山寺赋》：“禅堂枕江，桂叶薰户，莲花照窗。”诗句描写的是桂树叶的清香给江边佛堂送来阵阵芬芳，而禅房窗格上则摇曳着朵朵莲花娉婷、高洁的身影。

清代朱彝尊在其《洞仙歌》一词中写道：“看樱桃小注，桂叶轻描”；而宋代诗人梅尧臣的《陌上二女》中则有：“转眄[10]动桂叶，阳语启瓠[11]犀”。朱彝尊描写的是妙曼女子唇点朱

⑨ 这个字读作 quán，是古代传说中的仙人“偓佺”的名字。

⑩ 这个字读作 miàn，也读第三声，意思是斜着眼睛看。

⑪ 这个字读作 hù，指的是一种藤蔓类植物，果实属瓜类。“瓠犀”指瓠瓜的籽，由于其洁白齐整，后来常常用来比喻美女的牙齿。

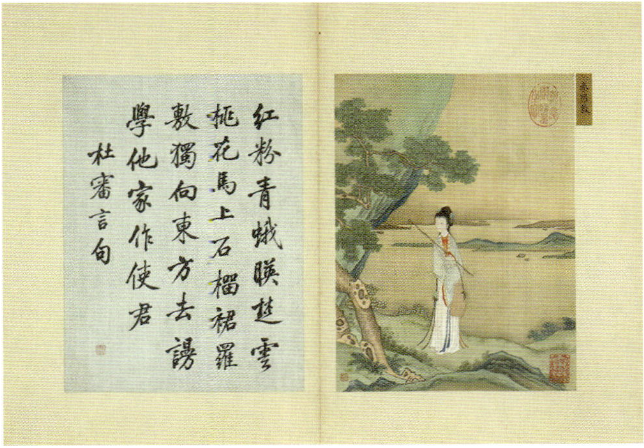

画丽珠萃秀册 罗敷
清
赫达资

红、淡扫蛾眉的静态美；梅尧臣则写出了女子眼波轻转蛾眉动、樱唇轻启齿如贝的动态美。两首作品中的“桂叶”，指的都是女子精心描画的柳叶眉。

叙说美女秦罗敷故事的汉代乐府名篇《陌上桑》，里面在描写采桑女罗敷挎在臂弯中的小筐时，有这样两句诗：“青丝为笼系，桂枝为笼钩。”青色绳络、桂枝作柄，这用来采集桑叶的精致小筐与仪态万方的采桑女倒是十分相称。

附庸风雅的唐太宗李世民，在《辽城望月》一诗中，用“魄满桂枝圆，轮亏镜彩缺”来描写月亮的盈亏。唐代诗人刘沧的《八月十五日夜玩月》里面则有“桂枝斜汉流灵魄，蘋[12]叶微风动细波”，两句诗写的是中秋夜中明月、银河交相辉映，水面浮萍则随着微风，漾出了点点细碎的水波。

上面两首诗里的“桂枝”，都不是指桂树的枝条，而是“月亮”的代称——由于传说中，月宫里生长着桂树。

天空中那一轮皎洁的明月，似远还近，似近还远，寄托着古人多少浪漫的情怀与遐思。所以，古往今来，它的名称也达数十种之多，其中“蟾宫”就是能够同“桂枝”比肩并立的一个。然而，“蟾宫折桂”这种将二者结合起来的说法，却恰恰又和这轮夜空中的明月没什么关系了。例如在清人王廷绍辑录了多种民间曲艺的《霓裳续谱》中便有“喜的是蟾宫折桂，独占鳌头”，这句话显然是与科举考试中及第登科之事相关了。

唐代诗人岑参《送韩巽[13]入都觐[14]省便赴举》一诗中有“洛阳才子能几人，明年桂枝是君得”；白居易《醉后走笔酬刘五主簿长句之赠兼简张大贾二十四先辈昆季》则有“棠棣辉荣并

⑫ 这个字读作 pín，指一种类似浮萍水生植物，也称“田字草”。

⑬ 这个字读作 xùn，是八卦之一。

⑭ 这个字读作 jìn，意思是朝见君主或朝拜圣地。

桂枝，芝兰芳馥和荆叶”。这两首诗中的“桂枝”，说的就是科举考试中金榜题名的幸运儿，岑参是预祝韩姓考生考场高中[15]；而白居易则是称赞曾经先后独占鳌头的张氏兄弟。

“桂枝”的这种寓意，据说始于西晋大臣郄诜[16]，他曾经对晋武帝司马炎说：“臣举贤良对策，为天下第一，犹桂林之一枝，昆山之片玉。”此公自视甚高，虽然只说自己犹如桂树林中的一枝、昆仑山上的片玉，但实际上，却是暗中自诩为“天下第一”。

由于这些原因，“折桂”这种说法后来就意谓科举及第，或在考试、竞赛中获得第一名。例如杜甫《同豆卢峰知字韵》中的“梦兰[17]他日应，折桂早年知”，意思就是有能力的人终将获得帝王青睐并在科举考试中夺魁。

巧合的是，“折桂”“桂冠”等等说法不仅在我国历史悠久，而且由于其在古希腊神话中代表着太阳神阿波罗忠贞的爱，所以后来也发展出给优胜者、杰出人士佩戴月桂树枝花环的传统。2004年，在希腊雅典举办的第28届夏季奥运会上，无论是登上领奖台的选手，还是每一位观看、关注奥运会的观众，对戴在获奖选手头顶的“桂冠”，想必都留有一份最美好的记忆。

⑮ 读第四声，意思是科举考试被录取。

⑯ “郄”读 qiè，也读 xì，都是姓氏。在这里是前一种读音。“诜”读作 shēn，“诜诜”表示众多。

⑰ 大致意思是得到帝王赏识与恩宠。

花椒

huājiāo

“花椒”指的是一种落叶灌木或小乔木，茎枝有刺，果实呈球形、暗红色，种子黑色，既可作调味料，也可入药。同时，它也表示这种植物的果实或种子。

“花椒”这个词，词义的主要承担者是“椒”字，“花”只是用来使之区别于其他各种“椒”，如“胡椒、辣椒、青椒”等等。而且在古代，“椒”这个字本身最初指的就是花椒，如许慎在《说文解字》中对它的解释是：“茉菉[1]。”而对于“茉菉”，段玉裁在其《说文解字注》中解释说：“茉菉盖古语。犹《诗》之椒聊也。单呼曰茉。累[2]呼曰茉菉、茉聊。《唐风》：椒聊之实。毛曰：椒聊、椒也……《神农本草经》有蜀椒，又有秦椒。”

小篆

隶书

楷书

行书

① 这个字读作 qiú，意思是果实外皮密生疣状凸起腺体。

② 在这里读作 lěi，意思是连在一起。

段玉裁把蜀椒和秦椒放在一起表述，这就意味着它们指的是同一种东西，而根据古今工具书中对“蜀椒、秦椒”的解释可知，当它们指同一种东西时，则肯定是花椒无疑。

当然，在《说文解字》里，当表示“花椒”这种意思时，对应的是“茮”字，而不是我们现在使用的“椒”字。对于这一点，五代宋初时校订过《说文解字》的徐锴说：“茮，即今之椒。”段玉裁在《说文解字注》里则说：“《尔雅》、《本草》……皆入木类。今验实木也，而《说文》正从草，此沿自古籀[③]者。凡析言有草木之分，统言则草亦木也，故造字有不拘尔。”

段玉裁解释清楚了古文字里面与植物有关的字，常常以草字头和木字旁作部首的情况。因此，不论是草字头的“茮”，还是木字旁的“椒（古代还有一种异体字‘梂’）”，它们上面或左边的偏旁都表示字的意思与植物有关，其余部分则表示字的读音。

对于中餐来说，花椒是一种必不可少的调味品，宋代理学家刘子翚[④]还曾经创作过一首吟咏它的七言律诗《花椒》：“欣忻笑口向西风，喷出元珠颗颗同。

刘子翚像

采处倒含秋露白，晒时娇映夕阳红。调浆美著[5]骚经上，涂壁香凝汉殿中。鼎餗[6]也应知此味，莫教姜桂独成功。”

这首诗不仅写出了花椒笑口绽开、浑圆似珠的形态，也写出了其在采摘时节含烟带露，而在夕阳下时又脸色娇红的模样。同时，还特别提到屈原《楚辞·九歌》中“奠桂酒兮椒浆”的诗句，表明花椒可以放在酒里调味增香；并且征引了东汉应劭编撰的《汉官仪》中记载的西汉皇后用椒涂抹未央宫宫殿墙壁，给

③ 这个字读作 zhòu，“籀文”指的是一种古文字字体，也就是大篆。

④ 这个字读作 huī。

⑤ 在这里读作 zhuó，意思是“接触、挨上、附着在”等。

⑥ 这个字读作 sù，古代指鼎中的食物，后泛指美味佳肴。

花椒

汉宫春晓图（局部）
明
仇英

殿堂营造馨香氛围的典故。最后，诗人回到现实，说到花椒是同姜、桂一样能够用于烹调美食的调味料。

对于花椒可用于调味的功能，清代文人袁枚的《随园食单》里多有记载，例如“虾饼”的制作方法：“生虾肉，葱盐、花椒、甜酒脚少许，加水和面，香油灼透。”另外，明末清初文学家李渔的《闲情偶寄》中也有：“八珍者何？鸡、鱼、虾三物之内，晒使极干，与鲜笋、香蕈⑦、芝麻、花椒四物，共成极细之末，和入面中，与鲜汁共为八种。”

当今的中华美食中，使用花椒调味的菜品当以川菜最为著名。一道热气腾腾、麻辣咸香的“麻婆豆腐”，迄今为止不知给多少豆腐坊带来了生意，也不知俘获了多少食客的味蕾。这道以花椒、辣椒为主要调料的菜品已经成为了川菜的代表。

据成书于清末的《成都通览》《芙蓉话旧录》等文献记载可知，麻婆豆腐始创于清朝同治年间，最初是由成都一家名叫“陈兴盛饭铺”的小饭馆的老板娘烧制的。由于其脸上长有零零星星的麻子，故而便被人们称作“陈麻婆”，而她首创的这道拿手菜，也就随之被命名为“麻婆豆腐”了。

成都的近邻重庆，同样也是使用花椒、辣椒为菜品调味的重镇。那满城弥漫着的重庆火锅特有的香味，已经成为这座山城的一张名片。

⑦ 这个字读作 xùn，指生长在树林或草地上的某些高等菌类植物。

再行一步

使用花椒调味的菜品不可胜数，荤素咸宜，而且炸制的花椒油还是凉拌菜品的绝佳调味料。“宫保”类菜品便是使用花椒调味菜品中的翘楚，如“宫保鸡丁”“宫保虾球”“宫保杏鲍菇”等等。其中，“宫保鸡丁”则是这类菜品的源头和代表。

关于宫保鸡丁的来历，一般认为是由清朝四川总督丁宝桢所创，但具体过程则流传着多个版本：有的说是来源于对他有过救命之恩的人家招待他的家常菜；也有的说是由于他平素喜欢吃鸡肉和花生米，所以独创了这道丁家私房菜……凡此种种，不一而足。

但是，“宫保鸡丁”之所以不宜写成“宫爆鸡丁”，正是由于这道菜品确实与丁宝桢有直接关系。因为明清两代的许多官员都有“虚衔”，比较高级的虚衔有太师、太傅、太保、太子太保和太子少保等十几种，这类虚衔又被通称为“宫衔”，后来还出现了一种别称——“宫保”。而丁宝桢在去世之后，曾被清朝皇室追赠为“太子太保”，于是便有了“丁宫保”的称号。

椒

丁宝桢

宫保鸡丁的调味料中，辣椒也是不可或缺的，因此，与“椒”这个字有关的调味品还包括辣椒，而且由于辣椒本身品种极多，所以有些辣椒其实也是菜品的主料，如尖椒土豆丝、虎皮青椒、彩椒鱼片等等。另外，胡椒也是与“椒”有关的调味料，而且还有黑白之分，以之做成的菜品，则有黑椒牛柳、白胡椒鸡米花等等。

现在再回来说花椒，实际上，它除了充当调味品，其药用价值也是非常大的。例如《本草纲目》中谈到“蕺[8]”，也就是“鱼腥草”的时候，其中有一项：虫牙痛。用鱼腥草、花椒、菜籽油等分，捣匀，加泥少许，和成小丸，如豆大。左牙痛，塞左耳，右牙痛，塞右耳；左右牙都痛时，不能同时塞两耳，须轮流换塞，否则有损听觉。

⑧ 这个字读作 jí。

除了李时珍在《本草纲目》里多处谈到“花椒”的药用方剂之外，其他如明代医学家张介宾的《景岳全书》、明朝皇家主持修编的《普济方》、明代宫廷御医龚信编著的《古今医鉴》、清代出身中医世家的名医唐宗海的《血证论》和清代眼科名家黄庭镜所著《目经大成》等古代医药学著作，里面或者谈到了花椒的药理作用，或者记载了包含花椒的治疗方剂，充分显示出这种植物在医药领域的重要作用。

花椒既可治病，又可以烹煮美食，可见它与我们日常生活的密切关系。而且，“椒”在古代还是一种气味芬芳的植物，可以充当香料。

明末清初的诗人方文曾作《石臼访韩元长》：“芳烈椒兰气，苍寒栝柏[⑨]姿。”从他的诗句看，椒、兰是芳香植物的代表，而四季常青的桧树、柏树则愈是在严寒中愈显挺拔苍劲。

唐代诗人杜牧著名的《阿房[⑩]宫赋》里则提到了充当香料的“椒、兰”：“烟斜雾横，焚椒兰也。”这种通过“焚椒兰”取其芳馨的做法，在古代诗文中并不乏用例。例如宋代文人贺铸《游云龙张氏山居》里称赞苏东坡旧居的诗句：“苏斋轩户明，

⑨“栝”读作 guā，古书上指桧（guì）树；“柏”原文用的是异体字“栢”。

⑩ 这里“房”的读音工具书意见并不统一，读 páng、fáng 均可。

阿房宫图
清
袁江

饼火焚椒兰。”还有元代诗人陈基《云文阁为邹伯常赋》：“公子爱修洁，宴坐焚椒兰。”

“椒”既然可以通过焚烧来取其香气，自然也可以被用作熏香。春秋战国时期的思想家、政治家、杂家代表人物尸佼所著的《尸子》和法家代表人物韩非子所著的《韩非子》，两部典籍中均记载了有关“买椟还珠”的故事：楚人卖珠于郑者，为木兰之椟，熏以桂椒，缀以玫瑰，辑以翡翠，郑人买其椟而还其珠。

这个包装宝珠的盒子，取材于木兰，然后又用桂、椒熏制，最后再缀上玫瑰石和翡翠，可以想见它该具有多么高的艺术与观赏价值，真正是难得一遇的艺术品与收藏品。现在把“买椟还珠”这个成语用于捡了芝麻丢西瓜、有眼不识金镶玉等等略含贬义的语境中，看起来还真有重新检讨的必要。

茴香

huíxiāng

茴香

“茴香”在工具书上一般都有两种解释：

一种解释是多年生草本植物，有比较浓烈的香气，叶子分裂呈丝状，夏天开黄花，茎和叶子可以食用，果实长椭圆细粒形，可以充当调味香科，也可以榨油。通称“小茴香”。

另一种解释是常绿灌木，叶子长椭圆形，初夏开红花，果实八角形，可以作调味料。通称“八角茴香”“八角”“大料”等。

这两种解释实际上是沿袭了古代文献的说法，因为在古代文献中，“茴香”既可能指“小茴香”，也可能指“八角茴香”。例如李时珍在《本草纲目》中

小篆

隶书

楷书

行书

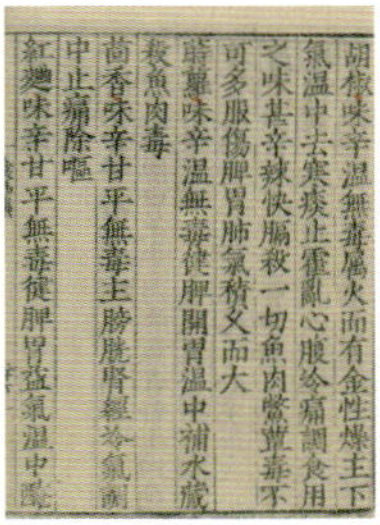

胡椒味辛温無毒屬火而有金性燥主下
氣温中去寒痰止霍亂心腹冷痛調食用
之味甚辛辣快膈殺一切魚肉鱉蕈毒不
可多服傷脾胃肺氣積久而大
蒔蘿味辛温無毒健脾開胃温中補水藏
殺魚肉毒
茴香味辛甘平無毒主膀胱腎經冷氣調
中止痛除嘔
紅麴味辛甘平無毒健脾胃益氣温中[illegible]

食品集 茴香
明
吴禄

竹林七贤与荣启期 画像砖 局部
南朝

就把“茴香”解释成“八角珠”，显然认为它指的是“八角茴香”。而《艺文类聚》中所录的《怀香赋序》①，里面有：“仰眺崇冈，俯察幽坂，及睹怀香生蒙楚之间。曾见斯草植于广厦之庭，或被帝王之囿②。”文章中的“怀香”指的就是“茴香”。由于明确提到它是一种种植在庭院里面的草，所以指的应是小茴香无疑。

那么，“茴香”为什么又被称作“怀香”呢？这是因为“怀”与“茴”读音相近，而且最初的时候，“怀香”的“怀”还写成“蘹”。李时珍在其《本草纲目》中，曾引北宋官至宰相的天文学家、药物学家苏颂的话：“蘹香，北人呼为茴香，声相近也。”意思是因为读音相近，所以当时的北方人就把“蘹香”说成“茴香”了。

另外，李时珍还引了唐代医药学家孙思邈对“茴香”的解读：“煮臭[3]肉，下少许，即无臭气。臭酱入末亦香，故曰回香。”这段话解释了“茴香”这个名称的由来，即茴香这种调味料可以消除肉类的腥膻气味并重新激发出它们诱人的香味，故而具有使香味回归的作用。

这一点从“茴”这个字的字形中也可以得到佐证。“茴”字上面的“艹”表明它的意思与植物有关；下面“回”字的甲骨文和战国楚简中的字形写作等，一方面表示字的读音与它相近，

① 根据鲁迅等人考证，这篇文章虽标明作者为魏晋“竹林七贤”之一的嵇康，但其实应当是嵇康的侄孙嵇含所作。

② 这个字读作 yòu，意思是围起来养动物的园林，也表示局限、拘泥等。

③ 这是个多音字，在这里读 xiù，意思是气味。

另一方面也表示字的意思与它相关。因为“回”最初表示“旋转、回旋”之意，后来又发展出“掉转、回转”等含义。因此，“茴香”的“回归”意味恰好应和了“回”字的“回转”含义。

作调料用、能够去除肉类膻气的“茴香”，一般指的是茴香籽。当然，“八角茴香”也具有同样的作用。茴香籽与现在烧烤类菜肴所使用的“孜然”，无论是外形，还是味道与作用，都十分相似，因此往往容易引起混淆。而从植物学的相关研究看，它们应该属于两种比较近似的植物籽实，但本质上并不是一回事。

小茴香除了籽实可以作调味品，茎叶在鲜嫩的时候同样是美味。以茴香作馅料的饺子、包子等，确实聚拢了不少忠实的“粉丝”。另外，北京一些主营越南菜的餐馆，均有一道招牌烤鱼：餐盘里是入味后再经煎制的鱼块，鱼块下面则铺着厚厚一层鲜亮碧绿的茴香苗。菜品上桌后，服务生便会点燃餐盘下面的固体燃料。不一会儿，餐盘里渐渐升起缕缕水汽，并伴随着细碎的“嗞嗞”声，一阵阵诱人的清香几乎让人丧失了转动眼睛和控制口水的能力。

常年在城市中打拼的工薪族，如果三五亲友结伴郊游时碰巧来到了出产茴香的地方，并适逢茴香苗鲜嫩之际，那么他们就能幸运地品尝一下杏仁凉拌新鲜茴香苗的美妙滋味。经至简至纯的油盐调味后，两种原生态且具有一定药用功效的材料，便汇合成一道别具风味的菜品，细细嚼来，满口都是毫不违和的混合香味。

茴香

回纹青铜匜
春秋

再行一步

不过，说到跟茴香有关的食品，最著名的可能还要数鲁迅先生笔下的“茴香豆”了。

鲁镇的酒店的格局，是和别处不同的：都是当街一个曲尺形的大柜台，柜里面预备着热水，可以随时温酒。做工的人，傍午傍晚散了工，每每花四文铜钱，买一碗酒……倘肯多花一文，便可以买一碟盐煮笋，或者茴香豆，做下酒物了。

这种用八角茴香等作料煮制的蚕豆，是浙江绍兴的特色地方小吃，当地人称“过酒坯”，意即下酒小菜。它耐嚼且滋味悠长，一人、一壶、一盅、一碟，当经热水烫过的绍兴黄酒从壶中酌入酒盅，抿一口酒，再从碟中拈一粒茴香豆，这简直就是“不羡鸳鸯不羡仙”的享受。

鲁迅先生笔下的家乡味道自然意蕴绵长，但是那酒、那豆都不是文章的主角，真正的主角是那个有些迂腐、却不失善良的孔乙己。

“他不回答，对柜里说，‘温两碗酒，要一碟茴香豆。’

鲁迅

便排出九文大钱。”“孔乙己显出极高兴的样子，将两个指头的长指甲敲着柜台，点头说，‘对呀对呀！……回字有四样写法，你知道么？’”“邻居孩子听得笑声，也赶热闹，围住了孔乙己。他便给他们吃茴香豆，一人一颗。”

这就是旁人眼里的那位酸腐的潦倒秀才，他只要凑足酒资，便会颇豪气地往柜台上排出铜钱，点酒、点下酒菜；与此同时，当他给邻家孩童分食茴香豆的时候，则多少有些小心翼翼，每人一颗，不多不少。尤其令他开心的是，跑堂的少年竟然识字，能准确说出“茴”字怎么写。于是，他仿佛像遇到了可造之才一般，忙不迭地告诉那位少年“回”字还有四种不同写法。这是怎么回事呢？

徐世昌像纪念币
近代

愚山先生读易像
清
释明中

原来，一些汉字由于通行时间不同或通行地域不同等原因，可能就会出现若干种不同字形，而当字形标准化问题还没有被提上议事日程并付诸实施的时候，以“回”字为例，便可有“囬、囘、廻、圓[4]”等多种写法，只不过，这个字从古至今生成、演变的诸多字形，其实还远不止孔乙己所说的这四种。

但是，无论形体如何变化，这些外观不同的若干个“回”字，实际意思却是相同的。也就是说，茴香的“茴”字仍然由于包含了“回”，而隐含着“回转、回归”等意思。

清末民初，在徐世昌[5]等人辑录的《晚晴簃诗汇》中，有顺治、康熙年间的官宦文人施闰章所作的《枣枣曲》。施氏首先

④ 这些都是历史上曾经出现和使用过的“回”的字形，现在已经不再使用了。

⑤ 此人在 20 世纪的民国时期，做过总理和总统。

在诗序中写道："海阳有香枣，盖取二枣刓[6]剥叠成，中屑茴香，以蜜渍之，好事者持为远饷。询其始，则商人妇所为寄其夫者，义取'早早回乡'云，予为作《枣枣曲》。"

这段话除了让我们了解到一种蜜饯类的美味，同时还向我们展示了民众利用汉字谐音来表情达意的智慧与情趣。妻子虽然极其思念在外奔波经商的丈夫，但佳人面浅，羞于直言，只好借用"香枣"，将满腹情思委婉地暗示出来，使远在他乡的夫君得以体察其中寓含的深意。

不知是站在女子夫君的立场来揣摩妻子的心思，还是将自己转换成留守家中的妻子角色，施闰章的《枣枣曲》吟咏的都正是红粉佳人的绵长情思："井梧未落枣欲黄，秋风来早吹妾裳。含情剥枣寄远方，绵绵重叠千回肠。封题寄去凭君语，枣甘谁道妾心苦。闺中不识望夫山，君看泪湿床头土。"

秋风渐起，薄衾不耐五更寒，妻子遥寄香枣予夫君，思忖着不知丈夫可曾体察女儿家的心思："罗敷未嫁"时，少女不识愁滋味，不知世间还有什么望夫山；但是永结同心后，思念丈夫，彻夜难眠，一掬相思泪，点点滴滴濡湿床头。

⑥ 这个字读作 wán，意思是"削、刻"等。

芥末

jiè·mo

芥末

芥末

小篆

芥末

隶书

芥末

楷书

芥末

行书

“芥末”是一种具有特殊刺激性味道的调味料，除了给菜品调味，其最明显的作用就是催泪了。相信绝大多数吃过芥末的人一定都有过鼻腔酸涩、涕泪涟涟的经历。

芥末的制作原料是芥菜籽，芥菜是一种根、茎、叶和籽实都可以食用的一年或二年生草本植物。它还有一些具有不同用途的变种：根用芥菜就是人们通常说的“大头菜”，茎用芥菜则是用来制作榨菜的原材料，叶用芥菜又可以腌制成“雪里蕻①”，而芥菜的籽实则是研磨加工芥末的不二选择。

另外，叶用芥菜还有一种俗称“大叶芥”的变种，是一年生草本植物，它

① 这个字是多音字，读 hóng 的时候，用于“雪里蕻”；读 hòng 的时候，表示“茂盛”或某些蔬菜的长茎。

在有些地区读作从古汉语遗留下来的“芥（gài）菜”，所以还出现了音同字不同的“盖菜”这样的写法。另外，芥菜籽其实也存在着变种，如产于我国的一般是“黄芥子”，欧美则出产一种“白芥子”，而意大利南部还出产一种“黑芥子”。

“芥”这个字上面的“艹”表示字的意思与植物有关，下面的“介”表示字的读音与它接近。《说文解字》中，“芥”的释义是：“菜也。”

段玉裁在《说文解字注》里解释“芥”的时候，又增加了“借为草芥、纤芥字”。按照这一解释，“芥”还被借去表示小草以及细小的、微不足道的事物。例如南宋柴元彪《寄括苍李察院》：“武夷山下棹[②]归舠[③]，九曲萦纡涨碧桃。两字功名如草芥，十年身世付蓬蒿。”柴氏曾经做过名为“推官”的一种小官吏，所谓“两字功名”指的似乎就是这段为官经历。后来，他与堂兄弟柴望、柴随亨、柴元亨一道在福建隐居不仕，世称“柴氏四隐”。

清代文人潘德舆在《养一斋李杜诗话》中则盛赞号为“青莲居士”的诗仙李白：“青莲奇气凌云，视爵赏如尘芥。”

“草芥、尘芥”显然都是细碎的东西，在这一点上，“芥”与“末”恰好具有较强的相似性。“末”这个字在《花草字传》里已经讲过，最初指的是树梢，后来由于树梢大都具有尖、细的特点，所以又被用来表示细碎如粉末状的东西。

芥末基本属于制作凉菜的调味品，也可以当蘸料使用。例如《西游记》第一百回：“花椒煮莱菔，芥末拌瓜丝。”又如清代袁枚《随园食单》：“夏日用芥末、鸡汁拌冷海参丝，甚佳。”

我国古代把芥末用作调味料的历史可以追溯到很久以前，例如东汉郑玄的《礼记正义》：“脍，春用葱，秋用芥……芥，芥酱也。”而他在注疏《仪礼》的时候，又进一步明确指出：“芥酱，芥实酱也。”

三国时期曹操的女婿、美男子何晏在《论语注疏》中解读“不得其酱，不食”

② 这个字读作 zhào，意思是船桨、划船等。

③ 这个字读作 dāo，指的是一种小船。

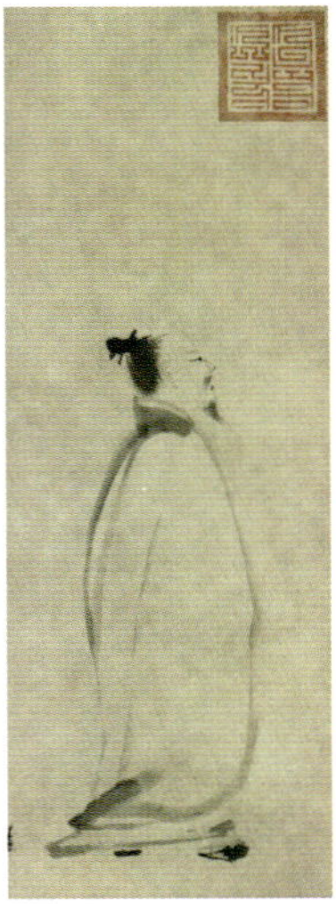

李白吟行图
宋
梁楷

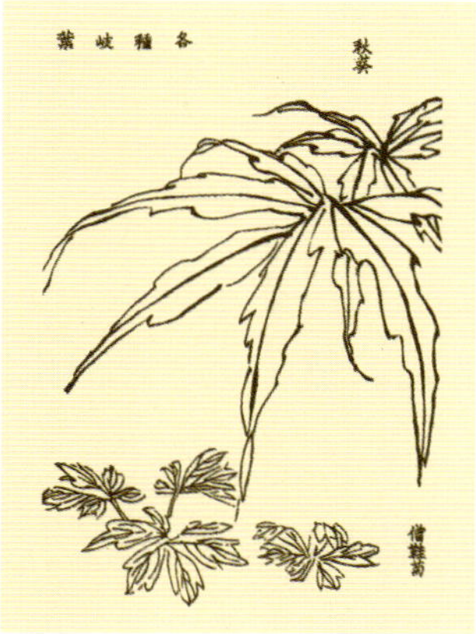

芥子园画谱 花卉局部
清 康熙年版

芥

这句话的时候，也说“谓鱼脍非得芥酱则不食也”。由此可见，芥末在古代是品尝鱼肉时不可或缺的调味品。

南宋浙江美女厨师吴氏编著有《吴氏中馈录》，里面则记载了“芥辣”的制作方法：“二年陈芥子，碾细，水调，纳实碗内，韧纸封固。沸汤三、五次泡出黄水，覆冷地上。倾后有气，入淡醋解开，布滤去渣。”

然而，正像芥菜存在着各不相同的品种一样，芥末也分黄、绿两种。由芥菜籽研磨而成的是黄芥末，而用山葵的地下茎研磨制成的则为绿芥末。

山葵是一种味美且比较稀有的植物，它的地下茎正是制作绿芥末的原材料。据说研磨绿芥末的砧板以鲨鱼皮黏附在硬木板上制成的最佳，因为鲨鱼皮表面的细孔可以充分保留山葵的汁液。

无论是享用三文鱼、金枪鱼，还是品尝鲜虾、北极贝，鱼生爱好者想必对绿芥末的味道都是非常熟悉的，那让人七窍通畅、涕泗横流的经历，直让人每一次在面对那一抹绿色的时候，仿佛都身不由己、欲罢不能。

山葵

再行一步

实际上，所谓山葵，其实也是一个大类别，我国古代被称作雪花菜、冬寒菜、冬苋菜、滑肠菜、蕲[④]菜、蜀葵、锦葵、吴葵、戎葵、黄葵、终葵、菟葵的等等蔬菜，也都是这个大类中的特定品种或某个品种的别称。

提起葵类植物，那在我国古代可是大名鼎鼎，例如《黄帝内经》中，“葵”就与“藿、葱、韭、薤”四种具有药用功效的植物并列，且位居“五菜”之首；在《齐民要术》里的17种蔬菜中，它同样被置于首位。

此外，元代农学家王祯在其所著《农书》中也写道：葵为百菜之主，备四时之馔，可防荒俭，可以菹腊，其根可疗疾。明代李时珍在《本草纲目》中则说，“古者葵为五菜之主……古人种为常食”，“今人呼为滑菜，言其性也。”

而且葵类植物的花朵还大都具有一定的观赏性，例如《诗经·东门之枌[⑤]》：“视尔如荍[⑥]，贻我握椒。”这句话的大致意思是像锦葵花一样美丽的你，伸出盈盈玉手，赠我一束芬芳

④ 这个字读作 qí，原本指一种草，文言文里也表示“求”。

⑤ 这个字读作 fén，指榆树的一种。

⑥ 这个字读作 qiáo，指的是漂亮的锦葵花。

蜀葵图
宋
佚名

的紫色花椒。

还有宋代文人李弥逊的《鹤冲天·张仲宗以秋香酒见寄并词，次其韵》：“篘⑦玉液，酿花光。来趁北窗凉。为君小摘蜀葵黄。一似嗅枝香。饮中仙，山中相。也道十分宫样。一般时候最宜尝。竹院月侵床。”词人携友人寄赠的佳酿，凭窗观景，庭院中翠竹静谧、月光如水、秋意正浓，一丛金色蜀葵开得正好，真想为友人摘下一枝，送去芳香。饮一口神仙才能品尝到的美酒，周身舒畅，这是如此光景中最适宜享用的玉液琼浆。

⑦ 这个字读作 chōu，意思是一种用竹子制成的过滤酒的器具，也表示过滤酒。

玩古图 局部
明
杜堇

友情如弦歌，丝丝拨动心灵，让彼此靠近与触碰。而与“芥”有关的“珀芥”一说，恰好也是事物之间互相吸引并连接在一起的写照，例如明末清初的王夫之在其《姜斋诗话》中道：“兴在有意无意之间，比亦不容雕刻；关情者景，自与情相为珀芥也。情景虽有在心在物之分，而景生情，情生景，哀乐之触，荣悴之迎，互藏其宅。天情物理，可哀而可乐，用之无穷，流而不滞，穷且滞者不知尔。”文中的“珀芥”原本指用丝绸等擦拭琥珀之后，由于琥珀表面产生静电而出现了吸附细碎物质的现象，后来以此形容事物之间产生关联。

这段阐述诗词歌赋“比、兴”手法的论说，可谓精妙绝伦。它的主要意思是情与景是互相依存、互相支撑的，不论是比喻，还是触景生情、由情入景，客观景象和心中情感，从来都是相生相伴、不可分割的。

“珀芥”一说其实源自“拾芥”一词，例如唐代孔颖达《周易正义》中的“若磁石引针，琥珀拾芥”。而“拾芥”在古代也常常表示容易得到之意，因为捡起细小的东西总是不费吹灰之力的。

班固在《汉书·夏侯胜传》里记载了夏侯胜教导弟子的一番话：“士病不明经术，经术苟明，其取青紫如俯拾地芥耳。”这位儒学大师的话主要是说，读书人怕就怕弄不懂儒家经典，倘若能够通晓经典，那么想要谋得一官半职岂非易如反掌？句中的“青紫”指的是官服。

当然，拾芥虽然容易，可是把它时刻放在心里，就会让人不那么舒服了——心存芥蒂，肯定是任何人都避之唯恐不及的。

石勒问道图 局部
明
蓝瑛

例如明代郑胤骥《送程孟阳楚游》："胸中芥蒂心，荡尽为长川。"因为芥蒂就像细小的梗塞物，能够阻塞人的心胸，让人难以舒畅与快意。

按照清代翟灏《通俗编》中的说法："今人每颠倒言之曰'芥蒂'，乃自宋人诗始。"可知，"芥蒂"最初本为"蒂芥"，从宋朝起，诗文中才出现了这种字序颠倒的说法。不过，这两种说法的意思完全一样，只是“芥蒂”在当下更常用一些。

但是，“蒂芥”在宋代之后也仍然有人在使用，例如当代红学大师周汝昌《红楼梦新证》引清代沈赤然《寒夜丛谈》中语：“天生豪杰，岂限华夷？彼蒂芥睚眦，以语言罪人者，视此不适成虮肝蝇腹耶！”

这段话据说来自北朝时期后赵政权建立者、羯[8]族首领石勒。他之所以说这番话，是因为一位名叫樊坦的臣子衣衫褴褛地立于朝堂，当他问及缘由时，樊坦慌不择言，说是羯贼无道，窃走了他所有的衣物。没承想，石勒听后却并没有惩罚对自己族人出言不逊的樊坦，反而说天下豪杰其实并不以民族来划分，而那些心胸狭窄、语带讥刺的人，在胸襟宽广的英雄面前，其气量反而小如苍蝇虮虱。

的确，中华历史原本就是众多民族共同写就的辉煌长卷。

⑧ 这个字读作 jié，原本指阉割过的公羊。后来也指我国古代北方匈奴的一个分支。

芝麻

zhī·ma

芝麻

小篆

隶书

楷书

行书

“芝麻”是一种一年生草本植物，茎直立，叶片上有毛，种子小而扁平，有白、黑、黄、褐等不同颜色，可以食用，也可以榨油，是非常重要的油料作物。同时，“芝麻”也可指这种植物的种子。

“芝”和“麻”在《花草字传》里都曾做过详细解释。前者最初指的是一种真菌类植物——灵芝，上面的“艹”表明字的意思与植物有关，下面的“之”表示字的读音与它接近。“麻”外面的“广”（yǎn）表示房屋，里面的“𣏟[①]”（pài）指的是经过加工的“麻”，里外合在一起，则表示在房屋里或在屋檐下，把麻弄成细一点的条并进而搓成麻线，也即治麻。

“芝”和“麻”合在一起，表示一

① 不是两个“木”构成的“林”，而是由两个表示麻类作物表皮的“朩”（pìn）构成。

种植物，“麻”在这里主要表明这种植物所属的种类，也就是胡麻科。按照一般规律，“芝”必然表示这种植物所具有的某种本质特征。然而，这个“芝”却是由于读音相近而被借用的，它替代的是“脂肪”的“脂”。也就是说，“芝麻”原本应当写作“脂麻”。

“脂”这个字左边是“月”，表示字的意思与肉相关；右边“旨意”的“旨”表示字的读音与它接近。左右合在一起，最初意为动物体内的油脂，后来也表示动物或植物所含的油质。

《说文解字》中，“脂”的释义是：“戴角者脂，无角者膏。”这是非常精细的分辨了，意思是牛羊一类有角动物的脂肪是“脂”；而猪等无角动物的脂肪则为“膏”。

宋末元初理学家、教育家陈澔[2]在注释《礼记·内则》的时候，又解释说：“肥凝者为脂，释者为膏。”也就是说凝固得比较结实的油脂被叫作“脂”，而凝结状态近乎液态的油脂则被称作“膏”。这一点倒是与炼制的牛油、羊油和猪油的特征比较吻合。此外，这也印证了《诗经·卫风·硕人》中“肤如凝脂”的

妆靓仕女图
宋
苏汉臣

由来，固态物质的形态与光泽显然比稀松的液态物质看上去更美一些。

由于“脂”指的是油脂，所以“脂麻”的“脂”自然表示这种植物富含油质的特性。而且“脂麻”确实也存在着“油麻”这样的别称。

至于现在通用的“芝麻”这种说法，除了“芝”与“脂”读音相同之外，或许由于“芝”曾经表示气味芬芳的香草，所以也暗含了“芝麻”是一种具有很香

② 这个字读作 hào，意思与“浩”相同。现在这个字几乎不再使用了。

味道的植物。联系到从芝麻中提取、加工的香油和芝麻酱，这种推测或许也不无道理，因为香油和芝麻酱完全是两种香味独特且味道浓郁的调味品。

芝麻可以用来给面点或菜品点缀、提香，如芝麻烧饼、麻仁菠菜等；同时，其本身还可以研磨成馅料，制作成点心或者熬制成芝麻糊。

清代袁枚在《随园食单》里记载了不少使用芝麻做成的美食，如鱼脯："活青鱼去头尾，斩小方块，盐腌透，风干，入锅油煎；加作料收卤，再炒芝麻滚拌起锅。苏州法也。"还有麻团："蒸糯米捣烂为团，用芝麻屑拌糖作馅。"

清代名医顾仲在其《养小录》里则记录了一种名为"薄脆饼"的点心："蒸面每斤入糖四两，油五两，加水和。捍[③]开半指厚，取圆粘芝麻入炉。"

芝麻就像所有富含油脂的果实或种子一样，炒熟之后味道更香，所以一般都是在炒制之后再进行二次加工，或是直接用生芝麻充当烘烤类食物的辅料。

根据明代作家郑仲夔[④]的笔记小说《玉麈[⑤]新谭》中的记载，"吴俗，好用芝麻点茶"。显然在古代的时候，江苏一带还有往茶汤里加芝麻的习俗。

宋代诗人宋伯仁曾作五言律诗《村市》：“山暗风屯雨，溪浑水浴沙。小桥通古寺，疏柳纳残鸦。苜蓿重沽酒，芝麻旋点茶。愿人长似旧，岁岁插桃花。”

这首诗开始就写山雨欲来，溪水也由于上游降雨而变得浑浊。然后又写山谷中一道小桥通向古刹，稀疏的柳枝上栖息着几只昏鸦。这景致虽然只是寻常的乡野之景，但诗人还是安于这种村野生活，他觉得常吃苜蓿的清贫反倒强过嗜食酒肉的铺张，况且饮茶的时候还有香味四溢的芝麻可以点缀。诗人在内心深处，唯愿亲友故旧人人安好，每到辞旧迎新的时候，大家能够一道迎接新的一年。

袁枚像
清
罗聘

③ 这里应当读 gǎn，意思是碾压。

④ 这个字读作 kuí，指传说中的一种龙形异兽。一般常用于人名。

⑤ 这个字读作 zhǔ，古书上指一种类似鹿的动物，其尾可做拂尘。

再行一步

根据史料记载，宋伯仁除了作诗，还非常善于画梅花，自称每当梅花绽放时，他都会独自徘徊于竹篱茅屋之间，不惜披星戴月乃至须发凝霜。从梅树发芽，一直到梅花含苞、绽蕾、盛开，他将整个过程都观察得十分仔细，故而对梅花的俯仰、开合等各种形态谙熟于胸，因此，宋伯仁画出来的梅花也是栩栩如生、惟妙惟肖。

他泼墨并题诗的《梅花喜神⑥谱》，画中有诗，诗中有画，诗画并茂，堪称个中精品。

当然，芝麻真正与中国画结缘，当属山水画中的一种被称作“芝麻皴”的技法。这种技法属于“皴法⑦”的一种，主要用于表现巨岩、峰峦等具有凹凸特征的景物。此技法的特点是用笔较细如芝麻小粒，有穿插疏密之变化，聚点成皴。

中国绘画史论家、国画家、美术教育家俞剑华先生在其大作《中国古代画论类编》中，曾经引过清代画家布颜图的《问答小引》：“辋⑧川四面环山，其巉⑨岩叠巘⑩，密麓稠林，排窗倒户，非尺山片水所能尽，故右丞始用笔正锋，开山披水，解

⑥ 宋代俗称画像为“喜神”。

⑦ 这种技法的基本要素是先用笔勾画出景物的轮廓，然后再用淡干墨侧笔而画，适宜表现景物的脉络、纹理和质感等。

廓分轮，加以细点，名为芝麻皴，以充全体，遂成开基之祖，而山水始有专学矣。从而学之者，谓之南宗。”

这段话是清代淮阴琴师戴德乾跟随布颜图学画时，师徒二人关于画学心法的问答。它的基本意思是唐代之前虽然已经出现了画山水的水墨画，但尚未形成专门的山水画。而唐代以后，则初步形成了山水画派，并且出现了以诗人王维为代表的“南宗”和唐高祖李渊侄孙、武将、画家李思训开创的“北宗”。王维由于在辋川置有房产，并曾经与友人在那里长期盘桓，目睹四周峰峦叠布、林木茂密，所以通过实践创造出了一种名为“芝麻皴”的山水画技法，也因此推动了山水画派的产生，并被后世尊为山水画的“南宗”鼻祖。

芝麻入茶，“芝麻”入画，都属于比较高雅的享受，而芝麻入药，则成了一桩对人体健康十分有益的“接地气”的事情。

关于芝麻入药的用途及其保健功效，宋代养生大师陈直的《养老奉亲书》、元代许国祯的《御药院方》、明代张介宾的《古方八阵》（出自其所撰的《景岳全书》）、李时珍的《本草纲目》以及清代赵学敏的《串雅内外编》等文献中均有记载。

此外，大文豪苏东坡由于受痔疾困扰多年，所以也久病成医，

⑧ 这个字读作 wǎng，指车轮周围的圆形框子。辋川是一条河流的名称，源出秦岭北麓，在陕西省蓝田县南面。唐代诗人王维由于在此置业，所以也被称作“辋川”，其田园诗集亦名《辋川集》。

⑨ 这个字读作 chán，表示山势高峻的样子。

⑩ 这个字读作 yǎn，意思是山峰、山头。

芝麻

江山雪霁图卷
唐
王维（传）

自己摸索出一种应对这种病痛的方法。他在《与程正辅四十七首（之三十三）》中写道："某旧苦痔疾，盖二十一年矣。近日忽大作，百药不效，虽知不能为甚害，然痛楚无聊两月余，颇亦难当。出于无计，遂欲休粮以清净胜之，则又未能遽尔。但择其近似者，断酒断肉，断盐酢酱菜，凡有味物，皆断，又断粳米饭，惟食淡面一味。其间更食胡麻、伏苓麨⑪少许取饱。胡麻，黑脂麻是也。去皮，九蒸曝白。伏苓去皮，捣罗入少白蜜，为麨，杂胡麻食之，甚美。如此服食已多日，气力不衰，而痔渐退。”

苏轼治疗痔疾的方法，一是禁食酒肉及厚味，二是用芝麻、茯苓等制成食疗方剂。从他写给程正辅的书信看，效果确实比较显著。

另外，苏轼与程正辅原本是表亲，而且后者还是苏轼的姐夫，只是由于姐姐去世等原因，两家起了纠纷，断绝来往四十余年。苏东坡被贬惠州之后，恰逢机遇，便主动修书给昔日的姐夫，算是“相逢一笑泯恩仇”了。由此，才有了后来两人之间频繁的书信来往，甚至连痔疾这种隐私都成了谈资。

看起来，大文豪在为人处世方面，也足以成为后世效法的楷模，“渡尽劫波兄弟在”，亲情、友情，永远比猜忌和仇恨更有益于人生美满、家国和谐。

⑪ 这个字读作 chǎo，意思是炒熟的米粉或面粉。现在已经很少使用了。

图书在版编目（CIP）数据

饮食字传．作料篇 / 张一清著．—济南：山东友谊出版社，2018.4
ISBN 978-7-5516-1629-4

Ⅰ．①饮… Ⅱ．①张… Ⅲ．①汉字—通俗读物 Ⅳ．① H12-49

中国版本图书馆 CIP 数据核字 (2018) 第 076458 号

责任编辑：姜海涛　陈　菁　王　苑
装帧设计：姜海涛
排版制作：安树仁
内文插画：知更鸟插画生活馆

主管单位：山东出版传媒股份有限公司
出版发行：山东友谊出版社
地　　址：济南市英雄山路 189 号　邮政编码：250002
电　　话：出版管理部（0531）82098756
　　　　　市场营销部（0531）82098035（传真）
印　　刷：山东临沂新华印刷物流集团有限责任公司
版　　次：2018 年 6 月第 1 版
印　　次：2018 年 6 月第 1 次印刷
规　　格：135mm × 185mm　32 开
印　　张：6
字　　数：108 千字
定　　价：39.00 元